静かだったら、学校と同じじゃん

学童クラブの窓から

石田かづ子
増山 均
【編著】

新日本出版社

はじめに――子どもたちに伝わっていた「私の想い」

「先生は子どもが好きだったからなあ」のことばの示すもの

あの日、空は真っ青でした。大紫つつじのいいにおいをかいで、さわやかな気分で駅に向かって歩きました。

駅から降りたのか、誰かを待っているのか青年がこちらを向いて笑っています。ちょっと気になり、私の周りを振り向いてみました。誰もいません。私に向かって笑って合図を送ってくれていたのです。

近くまで行くと、「先生！」と懐かしそうな笑顔で呼びかけてくれました。「俺です。おぼえていますか？」と大人になった顔で、太い声で言ってくれます。そのいたずらな目。歯をむき出しにして笑う口元。笑ったときの頬の筋肉の縦に動く顔。「ええ、覚えていますとも。坂本くんでしょ。数学の時間に、よく保健室に来たよね」「先生、もう退職したでしょう。いま何してるんだ。どこに行ってるんだ」と坂本くんは機関銃のようにしゃべってくれます。

「いま、学童クラブに行ってる。電車で通ってるの」と言うと、坂本くんは、「そうか、先生は子どもが好きだったからなあ。いまもそうかあ」と中学校時代を思い出すような目で言ってくれたのです。

坂本くんが、私のことを、先生は子どもが好きだったからなあと見ていてくれたのだと思うと涙が出そうになり、中学生だった坂本くんの顔と重なって多くのことが蘇ってきたのです。

「先生は、子どもが好きだったからなあ」のことばの意味は何だろうと深く考えます。坂本くんといっしょに過ごした当時の中学校の荒れは、すごいものであったのを昨日のことのように思い出します。数学の時間になると、保健室に逃げ込んできた坂本くん。そんな子どもたちがいつもどっと押し寄せていたことから、私は、生徒指導主任から、すぐ教室に返すように、休み時間は、鍵をかけておくようにと指導を受けていました。私が着任したと同時に、校長、生徒指導主任から、保健室は管理され、養護教諭であった私も管理されました。それでも私は、短期間で把握した子どもたちの実態を、教師集団に提示し、保健室での対応を問題提起しました。

しかし、坂本くんたちには、私が職員会議で、子どもたちは、こんな思いを持っている、こんな悩みを訴えている、子どもたちは授業でこんなことをしたいと思っている……など子どもの代弁者としての問題提起と私自身の指導方針を発言しているなど知る由もなかったはずです。なのに、坂本くんは、「先生は、子どもが好きだったからなあ……」と思っていてくれたのでした。

坂本くんは、数学の時間ちょっと抜け出して保健室にやってきます。すると、すかさず、校内電話が鳴ります。「坂本は保健室に行っていますか」と。「はい、いま来室しました。検温して、たいしたことがなければ、すぐ戻します」と。そんなつまらない機械的な問答を何度も耳にしたことだろうと思います。数学教師の気持ちのこもらない「保健室に行っていますか」の電話を、私が真剣に受け止めていない、目の前の坂本くんとは、「抜け出したことをかばって、しょうがないなあ、すぐ教室にもどるしかないね」と言葉には出さないが、受話器を持ちながら目で会話するような、子どもとの間に共鳴するものを持ち合わせていたように思います。

二、三分しゃべって、一呼吸ついて、教室に返っていく子どもたちは、大勢いました。「きょう、○○先生、酒臭いでしょ」「タバコ部屋からにおいがもれてるよね」と子どもが思ったことを、私が先に言うと、子どもと同じ気持ちをもつ大人だなあと思ってくれていたのではないかと思います。日常の会話やおしゃべりもできないような、緊張した空気が流れている学校であったのです。子どもには、子どもの言い分があると、子どもの気持ちがあることを大事にしていたことが、「先生は子どもが好きだったからなあ……」につながったのではないかと、そのころの私自身の姿を振り返ります。

私は、子どもの代弁者だけでいいのかと課題としてもっていました。子どもが主体的に学習について、生徒指導について、学校生活について……気持ちや考えを意見として主張してほしい、そんな子どもに成長してほしいという願いをあたためていました。

「なんで茶髪はわるいの？」文化祭発表で問題を投げかける取り組み

昇降口で、生徒指導主任が「髪を染め直して再登校せよ」と二年生の美樹を指導している場面に出くわしたときのことです。美樹は「うっせーし」と言って反抗し、生徒指導主任と押し問答しています。美樹の最高の反抗は、主張を唾をもって置き換え、唾を吐き出し、ぺっと引っ掛けることでした。美樹は、この日から不登校で異議申し立てをしていくようになりました。

他にも茶髪で教師に反抗の意思を示す子どもたちは大勢いました。「先生、染め直してきたぞ」と保健室に再登校する二年生の敦は、繰り返しの毎日でした。

そんな毎日の繰り返しで、子どもたちは、学習する権利を放棄している、いきいき中学生らしく楽しく生きる生存権を放棄している。生徒指導主任や担任と争うエネルギーを自分のために、仲間のために燃やさなければ損だよと、どこかで学ぶことをしなければならないことを組織していきたいと私は考えていました。保健室に〝おしゃれ障害〟（茶髪・カラーコンタクトなどの害）の本をテーブルに何気ないつもりで置いておきました。しかし、三年生の隆夫は目ざとく見ると、冷たい声で言い放ちました。「何だよ。これは。いやみかよ。脅しかよ」と。

この発言でやられたと思いました。子どもは、もっと純粋できちんとした教師の発言を聞き、自分たちの意見を主張し、言い合い対決したいと思っているのだと気づき、子どもの「何だよ脅しかよ」の激しい言い分を受け入れなおすことにしました。生徒保健委員会に、私の意見・思いを提起し子どもたちの意見が一致して茶髪の問題をとりあげたことは、この荒れた学校の取り組みとしては、画期的でした。子どもたちは、「おしゃれしたいと思うか、茶髪にしたいと思うか、それはどうしてか、どういう意味か……」など、自分たちの本当の気持ちを引き出す全校アンケート調査に踏み切った実践となりました。

スライドを作成し、うめばあちゃんのキャラクターを登場させ、「いまどきの子どもは、しょうがない」

と言わせ、子どもの本音を「茶髪にしてみて、気持ちを変換させてみたいだけだよ」と対話していく中で、学習した科学的なからだへの害などを織り込み、子どもたち自身でつくりあげた「なんで茶髪はわるいの？」の発表は、全校で考えるりっぱな発表となりました。

暴言・暴力を意見表明につなぐには

保健室に子どもが多く出入りするのは、学校が荒れる原因を作り出す。子どもを保健室から追い出さない。保健室の鍵を閉めない。子どもの話を聞いているなど、とってつけたような理由の、校長の職務命令で保健室を閉鎖され、職務する場所を職員室に追いやられ、あげくの果て不当人事で異動となりました。そんな経過はありますが、子どもの荒れとなる子どもの暴言・暴力のエネルギーの矛先を変えて、自分や仲間のためにエネルギーを燃やすことができる子どもに育てたい信念を持ち続けました。権力に屈しない、そんな養護教諭の使命を持ち続けてきました。私の人権救済をしてくださった千葉県弁護士会の渡辺眞次弁護士からは、退職のときに、「……長い間子どもの健康を守る仕事をお疲れさまでした。子どもたちにかわってお礼を申し上げます……」と言葉をいただきました。この子どもが、坂本くんの「先生は子どもが好きだからなあ……」なのかもしれません。もうちょっと、子どもとかかわる場面に出会いたいと、学童クラブの教室に行ってみたのです。

もくじ／静かだったら、学校と同じじゃん――学童クラブの窓から

1章　暴言という挑戦状

1　学童クラブで出会った子どもたち

「てめえらが掃除すんだろ！　拾えよ！」

六年前の五月、千葉県北西部にある児童育成クラブに、来てほしいと声をかけられた。A市の委託事業として、実際に運営をしていたW事業所の所長の依頼で、児童育成クラブに在籍する発達障害の子を見に来てほしい、対応を教えてほしいというのである。

私が児童育成クラブ（以下学童クラブと称する）の教室に初めて足を運んだのは、ちょうど、おやつの時間帯だった。食べる様子を見学させていただいた。

おやつを落とした三年生の小林龍夫は、私の顔をちらちら見ていた。「あら、落としてしまったね」と声をかけた。とたんに返事が返ってきた。

「てめえらが掃除すんだろう！　拾えよ！」

学校の保健室では聞くことができない音声である。言葉である。

それでも、初めて教室に顔をだした私のことを、「てめえ」と呼び、指導員として承認してくれたのだと思った。認めてくれたお返しに、私は、声を出さずに「君が落としたんだよ。拾いなさいよ」というまなざしで合図を送った。

おらさぶったまげた！

小林龍夫の暴言に、ほかの子どもたちは一斉に笑った。その笑いの意味はいったい何だろう。同調しているのか。自分はそんなこと言えないからそう言った小林龍夫が羨ましいのか。疎ましいのか。

「おらさぶったまげた○○の真ん中で～」と、子どものころ、はやし歌のように歌いながらふざけっこした思い出があるが、まさにそういう気持ちであった。

窓の外には、新緑の桜の葉が揺らいでいた。目の前の学童クラブの世界は、美しい自然界の流れの中での出来事なのか。美しいとは決していえないが、初めて見る世界であった。まるで、映画のシーンを追っているような光景である。驚くのと同時に、私はそこに、いまの子どもたちから消えかかっている野性的な空気が渦巻いていることに衝撃を受けていた。、頭を一発殴られたような気分であった。

そして、〝てめえらみたいな、クソガキになめられてたまるかよ。ふざけんじゃねえ。挑戦してくるなら、受けてやろうじゃないか！〟とわくわくする気持ちが湧いてきたのである。

私というこの〝くそばばあ〟に対する子どもからの挑戦状なら、受けてみたい。この教室の空気は動いている。生きている。むんむんする子どものにおいがある。保健室にはいなかった子どもがいる。小林龍夫のきっとなった冷たい目の光はなんだ。

そんな小さな出来事を発端に、その日から勤務開始となってしまったのである。

それまで私は、四〇年間にわたり、学校現場で、教室ではあらわさない子どもの姿に触れ、子どものからだを見てきた。

全国養護教諭サークル協議会（全養サ）に所属し、子どもの見方・とらえ方を学び、実践をしてきた。「子どもの側に立って。子どもの目線で。子どものからだの事実から。子どもの背景をわかって。子どもをまるごと知って、受容して。子どもの気持ちに寄り添って。子どもを中心に理解して。父母の生き方、子どもの家での生活を知って、子どもの生活やからだを変える取り組みを一人ひとりに合った具体的な対応を」と。

それなのに、この実態はなんだろう。子どもの実態を知っているというおごった気持ちはガラガラと崩れていった。この場所でもう一度子どもの実態をていねいに見て、知って、理解していこう。子どもの挑戦状を受ける作業が始まったのである。

てめえに「おかえり！」と言われたくない

「せっかく学校のストレスをがまんしてきたのに。てめえなんかに『おかえり』なんて言われたら、またストレスがたまる」と、二年生の石川さくらは、小さいからだで口をとがらかしてからだ中で挑戦してきた。

「あら、さくらちゃんの気持ちを傷つけてしまって失礼しました！」と、さくらの顔を見てにっこりすてきな笑顔で合図したつもり。「文法的にもコミュニケーションの言葉としてもまちがっていないと確信しているんだけどなあ」と、さくらに聞こえるように、ちょっと難しい言葉をつかってつぶやいた。

このくそばばあにも、長年の人生経験がある。ストレートに気持ちを出すこともある。あなたより先に生まれて長く生きてきた人に言ってるんだよ、伝える言葉ってものがあるんだよ。そんなことを、このおちびちゃんのさくらにも伝えたくなった。

もっとも、学童クラブの教室は、校舎の中の二階に設置されている。でも教室から廊下を通って直接来所できるようにはなっていない。いったん昇降口から、校庭に出て三〇メートルぐらい歩いて、校舎の東側の階段を上がってやってくる。それでも、一呼吸つくまもなく、学童クラブについてしまう。

子どもにとっては、学校や教室という枠の縛りからくるストレスがいっぱいあるのだろう。校庭を歩いて、せっかく忘れかけたストレスを思い出す。『おかえり』なんて言われたらまたストレスがたまる」と、かわいい二年生が言うのだ。

連絡帳は五メートル向こうから飛んでくる

「おかえり！」「連絡帳提出してね！」「宿題はあるの？」「宿題を先にやろうね」と指導員の声が次から

次へと大きく響く。子どもの在籍三四人。指導員在籍八人。当日出勤七人。小さい子どもより、なぜか大人のほうが目立つ。からだも声も。ここは、子どもが主人公の場所であるはずであるが。

目立つ指導員に挑戦するかのように、「おかえり」と言った指導員をめがけて、五メートル向こうから、連絡帳が飛んでくる。担当した指導員は、すかさず「危ないでしょう！　手で渡してください！」と言う。

子どもは、学校ではこんな言葉遣いはしていないだろう。提出物も、教室の入り口から投げることはないだろう。担任教師に向かって命令口調で「おやつを拾えよ」とは言わないだろう。

子どもたちは、学校と学童クラブは違うものととらえているのではないだろうか。違うほうがいいと思っているのかもしれない。子どもは、大人の声で、大人のやり方で、矢つぎ早に言ってほしくないのではないだろうか。子どもと指導員の動きをみながら漠然と思っていた。

新人指導員の私に対しては、どう思っているのだろうか。他の指導員に対する期待とは違うのか。挑戦状は、私という人間を試しているのかもしれない。お前は本当に子どもをかわいがる人なのか。子どもの悪さをどういう言葉でやっつけてくるのか――さまざまな手口で私は試されているのだという確信がわいてきた。

ある言動は、ときには子どもの本音であり、ときにはそうではない。でも、どちらも子どもの本当の姿であることに変わりはない。そんないたずらのような、いや真剣な挑戦状を快く受けとり、それでも子どもはかわいい！　と思い、抱きしめたくなる日は来るだろうか。

2　ステキなおばあちゃんになりたい

驚かないでほしい。私は〝湯婆婆《ユバーバ》〟なのだ。そう、長い人生をしわの深みに刻み、世の出来事を鋭い目で観ている、「千と千尋の神隠し」に登場する、あのお婆さんである。こんな美人（？）養護教諭がなぜ、と思われるかも。実は、私が中学校勤務のときに、中学生が命名してくれたのが始まりだ。

私は、この〝湯婆婆〟になって子どもに向き合ってみたいとずっと思っていた。学童クラブのおばあさんになりたいと夢見ていた。千葉大学名誉教授の城丸章夫先生のお話を聞いてから、私は空想するようになった。

学童クラブの夢物語

学童クラブで、目も耳も衰えたおばあちゃんが一心に繕い物をしている。西の空が茜色にそまったころ、「もう、そろそろ子どもらが帰ってくるころじゃのう」と、おばあちゃんはつぶやく――階段をばたばた駆け足で上がってくる音がする。

「ただいまあ！」三年生の花ちゃんだ。おばあちゃんは、「おかえり！」と言って、鼻めがね越しの上目遣いで花ちゃんの顔を見る。花ちゃんがうきうきしている様子を見て、いいことがあったんだとおばあちゃんは次の言葉を待つ。

「ねえ、おばあちゃん、きょう、学校でリコーダーを習ったの。吹いてあげようか」。ド・レ・ミ・ファ・ピー。うまくいかない。指のところから空気がぬけてしまう。もう一回吹いてみる、と花ちゃんは挑戦する。ド・レ・ミ・ファ・ソ・ラ・シ・ド。今度はうまくいった。花ちゃんはご機嫌な顔をおばあちゃんに向ける。おばあちゃんは、「ああ、じょうずに吹けたね」と返すと、また一心に繕い物をする。

おばあちゃんは、余計なことを言わない。「ただいま」を言う声と顔の表情で、子どもがどんな思いを抱えて帰ってきたかを察する。子どもが話しかけてきたら、「ああ」と言って、相づちをうつ。おばあちゃんが繕い物にいそしむ姿に安心して、子どもは遊びに向かう。

子どものつぶやきや言い分を大切にする一方で、繕い物を楽しむ姿を見せ、大人には大人の暮らしがあることを無言のうちに子どもに伝える。子どもたちもおばあちゃんも、それぞれに楽しい時間を共有する。そんな学童クラブのおばあちゃん。なんてステキなんだろう。

机の上を走り回る子どもたち

しかし、実際の学童クラブは、私の甘い空想を見事に裏切ってくれた。私はステキなおばあちゃんになることはできなかった。〝元気溌剌猛烈ばばあ〟として、子どもらの挑戦状に対決しなければならなかった。

だって、この空間はいったい何なのだ。子どもらが、机の上から机の上へと器用にジャンプして走りまわるのである。追いかけっこという目的があって走っている子もいるが、ただ暴れたいという気持ちでいる子も多い。その空気はあっというまに全体に広がってしまう。

四年生の亮太に、「机の上を走らないで！」と注意をすると、亮太は怒って逆切れし、私を追いかけてきた。騒ぎの収拾がつかなくなることを恐れ、亮太を招き寄せるように教室から出たところ、お迎えの貴夫のおばあちゃんに出くわした。顔に怒りの表情を浮かべて追いかけてきた亮太を、おばあちゃんは抱きかかえ、「何してんだ。先生のことを攻撃してはだめだ」と諭してくれたのだ。

「貴夫くんのおばあちゃん、ありがとうございます。亮太くん、どうしても怒りが治まらなくて」。私はおばあちゃんにお礼を言った。おばあちゃんは、「しょうがない子どもたちですね。先生、お世話になります。子どもは、気持ちが治まらない日もありますよね」と言ってくれた。

子どもにも、何かに当たり散らし、走り回らなければ収まりのつかない日だってあるのだ。私自身にも覚えがある。四年生ごろであったろうか。原因は覚えていない。田んぼ道を、祖父の後をどこまでも追いかけて行った風景が記憶に残っている。

今回は、同世代であろう貴夫のおばあちゃんに共感してもらい、救ってもらうことができた。

とはいえ、教室全体に蔓延するこの空気をどう鎮めていけばよいのだろう。秩序をどう作り出せばよいのだろう。課題はぶら下がったままだった。

挑戦状の中身が解読できた瞬間

ある日、気持ちが治まらない表情で教室にやってきた亮太が、私をめがけてものすごい勢いで走ってきた。身をよければ、亮太はホワイトボードにぶつかってしまう。亮太を私に体当たりさせるしかない。私は、体当たりしてきた亮太を抱きかかえた。すると、あんなに怒り狂った表情だった亮太が私の腕の中でグタアッとなったのである。まるで、赤ちゃんが母親に身をゆだねるときのように。

「なんだ、この悪ガキが。お前は寂しかっただけなのか。悲しかっただけなのか。抱いてほしかっただけなのか。お母さんに甘えたいと思っていただけなのか。まだまだ弱い人間だったのだ。こうしていれば、まだほんの子どもなのに」……と心の中で叫んで、亮太を抱きしめた。亮太をかわいいと思った。力を入れて抱いた。

私たちの状況を見ていた低学年の男の子たちには、私が愛情深く抱っこしてあげたように映ったのだろうか。他の子どもたちも「ぼくも抱っこして！」「ぼくも抱っこして！」とぴょんぴょん飛び跳ねて、抱っこをせがんできた。

私は、亮太を抱っこしようとしていたのではないのに。私は、亮太の攻撃をやめさせたいと真剣に思っていただけなのに。子どもらの挑戦状の中身がいっきに解読できて、愛《いと》おしさで涙が出そうになった。

他の指導員も悩んでいるにちがいない

「ぼくのことをわかってよ。かわいがってよ。目的もなく走り回っているときのどうしようもない寂しさをわかってよ。走り回ることで紛らわしているんだよ。怒られたら、よけい悪いことしたくなってしまうんだよ。学校では、じっと椅子に座って勉強しなければならない。でも、学童クラブは、学校とちがうでしょ。いいじゃん。少しぐらい。学校でずっと我慢してきたんだから。学童クラブは、居心地がいいところであってほしいよ」……子どもたちは、こういう挑戦状を突きつけてきていたのだ。

「あなたのこともかわいいと思っているよ」「君のことも知ってるよ。父ちゃんと母ちゃんがケンカして、どうしていいかわからなかったよね」「そうか、宿題がいっぱいあって、終わらなかったよね。お母さんが学童クラブでやるように声かけてくださいって言っていたけど、遊びたくなってしまうよね」……子どもが、あのときこんな気持ちでいたのではないかと思いめぐらした。

「先生たちの注意はうるさいよね。言葉のかけ方は大事だよね。心に響く言い方ってあるよね」「子どもだからって先生たちは威張った言い方をしないほうがいいよね。大人が子どもを支配しているようで、最低なかかわり方だよね」……私たち指導員が反省しなければならないことがたくさん浮かんできた。

私だけの問題にしておいてはいけない。ほかの指導員も悩んでいるにちがいない。全員で課題を共有して、指導員の体制をつくることが急務だと思った。秩序を作り出すには、一人ひとりの子どもたちのことを理解することから始めなくてはならないと思った。

3　文化の秋

茜色に染まったうろこ雲とさわやかな風が織り成す一〇月の月を迎えた頃の話。学童クラブの生活は、日本の四季の折々をからだで感じ、腹を満たし、風の色を知って育つ空間である。窓の下には、萩のむらさき色の小さな花が揺れている。

「くせー！」と言う三年生の優斗くん

この日のおやつは、秋の代表とも言える「さつまいも」を蒸かして、子どもたちの帰りを待っていた。一番に帰ってきた、三年生の優斗くんは、「くせー！　何だこりゃあ」と、大きな声を張りあげた。

ある日は、新米でちらし寿司を作っていたところに、やはり優斗くんは、帰ってきた。こんどは、「きょうは、石田の手作りおやつだぞー」と言ってくれた。盛り付けも、子どもがすてきと思えるように、カップにお寿司を入れて、ポンとさかさまにして、かわいいケーキのように盛り付けた。子どもたちには、まずは味覚の秋、食欲の秋を実感してほしいと思っていた。満腹で上機嫌のひとときを過ごしてほしいと思った。

優斗くんの成長ぶりは、指導員の間ではいつも話題にあがっていた。

途中入所だった優斗くん。はじめて来所した日の、おやつの時間のできごとは衝撃的であった。自分の居場所が安心できないところと思ったのか、あるいは、みんなの反応を見ようとしたのか、突然おやつの皿を投げて割ったのだった。

大きな音がして子どもたちはびっくりし、一大事件が発生したようであった。しかし、私たち指導員は、いつも子どもをとらえることを、そして理解することをミーティングで話題にし共有していこうとしていたこともあり、誰もあわてたりすることもなく、ゆったりと事態を受け取っていた。

男性指導員が、優斗くんを抱き上げ落ち着くまで抱っこしていた。優斗くんは、入所する前から、子どもの間では、話題に上がっていた。「こんどすごい乱暴な子が入ってくるよ。授業中はふらふら歩いて、いつも先生に注意をされているよ」と教えてくれていた。

優斗くんのママのお迎えは、いつも遅かった。お迎えにきていただいたママと、毎日のように、おしゃべりした。優斗くんの優しくしてくれたこと、困っている友だちのことを助けてくれたこと、そして食べ物アレルギーのある優斗くんのおやつをどんなものにしていこうか、話し合った。優斗くんは、親しくママとおしゃべりをしている光景をちらちらと眺めていた。

こんなことからも、私たち指導員をいつの間にか信じて頼りに思ってくれるようになったのかなと思う。突然キレたり、暴れたりすることには、触れなかった。教室でも言われていることであり、お母さんとしても、一番困っているであろうことだったからだ。対応の仕方でかわることを確信して、私たちはかかわっていこうと、具体的に話し合っていたからだ。

そんな優斗くんが、「きょうは、石田の手作りおやつだぞー」と宣伝カーのように言ってくれるようになって、本当にかわいい子どもだと思う。

「きょうは、石田ひとりだよ！」

子どもたちが、どんなふうに学童クラブに帰ってくるか、どんな言葉を発するかで、その日の子どもの状態を計り知ることも楽しみのひとつだ。

学童クラブの子どものなかでは、とっても上品でお行儀もよい四年生の麻衣さんがいた。ある日、教室の入り口に一番のりで、後ろに何人か控えていた友だちに向かって「おうい、きょうは、石田ひとりだよ！」って叫んでいるではないか。なんてこっちゃ。あのお嬢様のような麻衣さんが。学童クラブの悪さに染まったのか？　私はひとりで大笑いした。

麻衣さんには、二年生の妹がいる。妹の結衣さんもおねえちゃんと雰囲気が似ていて、言葉遣いはていねいで、お行儀がよい。麻衣さん結衣さん姉妹のお母さんは、小学校の音楽の先生（講師）で、年度の途中で声がかかり、二学期から勤務についたのである。そのため、学童クラブに通いだした。二人は清く正しく美しくといった感じで、学童クラブの雰囲気には似つかないものをもっていた。いつもおりこうにしていたら、疲れてしまうよ。自分をさらけだして。いい事もして、悪い事もして育っていくのが子どもなんだから。と私は聞こえないメッセージを投げかけていた。

しばらくするうちに、麻衣さんは目立たないが四年生のリーダー的な力を持っている子だとわかってきた。他の子を前面に出しながら、意見を言ったり、陰でみんなを支えたりすることができる子だ。

ある日、運動会の出し物の発表を学年ごとにやってみることになった。四年生は、「えー、やだー。何でー」と文句を言っていた。しかし、麻衣さんが「ソーラン節を踊ろう」と呼びかけ、とりあえず文句を言っている子たちをまとめて、力強く、みんなで踊ったのである。四年生は、ソーラン節の踊りが大好きであったのだ。麻衣さんは、みんなの気持ちを知っていてまとめたのである。

そんな麻衣さんが、学童クラブで、みんなが吐き出している言葉や、行動や遊びに興味をもち、どうしてかなと感じることを通じて、自分も自分らしくこの場所で過ごしていいんだ、いい子だけでいなくていいんだとわかってくれたのではないかと思う。「きょうは、石田ひとりだよ！」の次の言葉は何であろうか。「だからよかった！」「だからちょっといたずらもできるよ」「だからうるさくないよ」……私は、子どもの言葉から空想している。子どもはかわいいと思う。

子どもがつくった芸術作品

夏休みに陶芸教室を開催したことを思い出していた。夏から秋に。そして冬に向かって子どもたちは、学童クラブの教室で芸術作品を作り出す。

あるときは、積み木やブロックでつくったものが、作品と化す。その日のうちだけ展示してあげる。あるいは、折り紙で、新聞紙で。遊びから発展して、作品となり、作品はまた遊ぶ道具そのものへと発展する。まさに子どもの遊びは、芸術作品である。

夏休みの陶芸教室は、千葉市公立中学校の校長先生を退職された白濱正人先生を講師にお迎えした。そして、助手として私の友人の立花みどりさんも来てくれた。白濱先生は、専門が絵画。

何にでも興味をもって騒いだり手で触ったりする子どもたちを、白濱先生は魔法のように惹きつけて、粘土をこねて、作品作りへと導いてくれた。少しずつ形になっていく作品に、白濱先生は言葉をかけてくれていた。「おお、大きいのができたな。すごいな。何だろう。宇宙かな。生きている魂が入っているみたいだな」とほめてくれた。この作者は、3章4に登場の和希くん。

そうだったのか。和希くんの悩みがあんな大きな塊だったのだ。ずっしりと重たい塊。気づいてあげられなかったなあと、今になって思い出している。

子どものいまの状態が、陶芸の作品に表れている。子どもの作品を回って見ていると、発達課題が見えてくる（私は養護教諭の観方を持っているのだ。もう終わりにしたはずであるのに、今も）。

アスペルガーのような症状を持っている、四年生の幸希くんは、算数はすごく得意なのに、この粘土でこねて、できあがったものは、どうも電車のようだが、電車がびしゃっとつぶれたような形になっている。立体的に見ることができないでいる。友人の立花さんは、形ができないで困っている子どもに手をとって助けてくれている。何とか形ができてきて、子どもたちは、自分の作ったものに満足している。

この陶芸教室は、次回は色をつけることもあり、二回開催した。色をつけていくと、その子らしい作品としてできあがっていく。子どもの笑顔に私たちも惹かれて、豊かな気持ちをそうっと重ねて、秋から冬へ冬から春へとふくらませていきたい。

4　障害のある子と過ごす――放課後等児童デイ注

台風一過の朝を迎えた。青空が広がりさわやかな朝だ。夜のニュースで沖縄の知事選の勝利を聞いた。玉城デニー氏が八万票の差をつけ圧勝した。「辺野古基地移設反対、オスプレイ飛ばすな……」の沖縄の声は、私たちの平和の願いだ。この勝利を実感した日の朝から月日はめぐって、一〇月、一一月が過ぎ一二月を迎えた。台風のもたらした塩害により街路樹のいちょうやアメリカ楓、けやきは木々の半分が汚い葉のまま落葉した。例年の紅葉は見られない自然界だ。自然の美しさは美しいまま、沖縄の海は青いまま、みんなで守っていきたい。子どもらの健康、人びとのしあわせ、そして世界中の平和につながるのであるから。そんなことを思いながら一二月を迎えた。

私は、母の死（九〇歳で昇天した母）に別れの折り合いをつけ、もうひとつの学童クラブ（放課後等児童デイ）の非常勤として、障害のある子どもに向き合った。場所は、千葉から近い都内。企業が経営する放課後等児童デイ。

子どもたちは、いわゆる発達障害といわれる「自閉症スペクトラム・ADHD・アスペルガー・LD」、そしてさまざまな障害のある子・脳性まひ・軽度知的障害の子・場面緘黙《かんもく》の子・ダウン症の子など。なかには、不登校の子もいた。療育手帳や障害手帳を持っている子もいる。

秩序も何にもない……どこからはじめるのか

とにかくびっくりした。まるで暴力が無防備ではじまる。鉛筆削り機が飛んでくる。指導員のめがねに当たる。めがけて投げたわけではないようだ。受け入れる子どもは一五人。しかし、一六人、一七人、一八人いるときもある。

受け入れは、非常勤の女性指導員二人。常勤（男性指導員六人）は、車で送迎に出かける。デイなので、受け入れたら、検温をすることからはじまる。でも、検温もできないくらいのすさまじさ。体温計は飛び交う。ホワイトボードに記載した検温の記録、送迎時間などは、消されて、油性のマジックでいたずら書きがされてしまう。教室の壁紙は、はがされ、あっという間にぼろぼろになっている。ホワイトボードのある部分だけ棚がある。その棚の狭い部分にのぼり、教室の天井、壁にも油性のマジックペンでいたずら書きがされる。

登所してやることのなかに、手を洗ってうがいをすることがあるが、手洗いうがいは、水遊びになってしまう。挙句の果て、教室の床は水がまかれ、水浸しになる。

この状態を、指導員は、子どものやらかしたあとから、いたずらを消して、水をふいて、少しでもいい状態にしようと奮闘する。もぐらたたきのゲームでもしているようだ。

いったい、この空間は、人間の集まる場所なのだろうか。ましてや、子どもの療育をやる教室なのだろうか？　へどが出るぐらいの嫌気がさす場所だ。

二時半ぐらいに、学校にお迎えに行って、三時から五時までの間に、宿題をして、おやつを食べて、とりあえずの療育まがいのことをして、五時に帰りの会をして、送迎する。

指導員は、その間に連絡帳を読んで、その日の行動、できごとを記録する。

私が所属した放課後等児童デイは、療育を打ち出して、月曜日から土曜日まで療育の項目が出されている。SST、クッキング、リトミック、工作、文化的活動、課外活動といったものだ。

リーダーの哲夫先生は、悪いことをした子一人ひとりに「何がいけなかったの？　なぜやりたくなってしまったの？　いけないことだよね。ほかの友だちに迷惑をかけたよね。こんどからどうしますか？」と聞き出し、考えさせている。しかし哲夫先生の腕の中からはずれると、もう走り回っている。一斉指導は通用しないということで対応しているようすである。

おやつになっても、走り回っている子や、おやつのテーブルにすわらないで、おもちゃを片付けもせず、遊びにこだわっている子に、指導員は、おんぶしたり、だっこしたりして、集団行動に参加させようとして奮闘している。

一年生の青海さん　ほっぺに青あざ

新しい指導員の私のそばに来て、「これあげる」と折り紙でつくったチューリップをくれる。親しくなりたい、かわいがってほしい、私は青海ですと言わんばかりのデモンストレーション。

すさまじい空気の中であろうが、すかさず擦り寄って、存在を認めてほしいと訴えているのが、私のからだに響いてくる。

汚れたワンピース。ほっぺには、青あざ。私の直感で、暴力・心理的虐待を受けている子だと思った。「かわいいワンピースね。朝自分で選ぶの？」「お姉ちゃんがいるの？」「えーそうなんだ。五人兄弟なんだ。生まれたばかりの赤ちゃんがいるの」「どうして昼間にお父さんがいるの？　夜お仕事しているの？」

一年生なのに、しっかりしゃべれるし、事実認識を持っている子だ。父親に怒られないように気遣っていることもわかった。お姉ちゃんは、なぐられたり、ご飯も食べさせてもらえなかったり、もっとひどい目にもあっているようだ。青海は、とりあえず謝るので暴力は軽くすむようす。はじめて出会った子ではじめておしゃべりしたのに、大変な状況に生きている子とめぐりあってしまった。この暴力のある、秩序もなく、集団生活がなりたっていない教室で、虐待の事実をしゃべるとは。がさがさしている空気に紛れてしゃべれるのか、重たく受けとめた。

貧困の家の中まで想像した。青海とお姉ちゃんと母との生活に継父が転がり込んできた。弟たち三人を次から次へと生んで、母は、子どもたちにどう成長してほしいと願っているのだろうか？　青海をデイに預けてどんな療育をしてほしいと思っているのだろうか。青海は、「ＡＤＨＤ・自閉症」と診断名がある。診断名で子どもを見るのではなく、子どもの行動の事実を見ていきたい。継父による虐待からくる不安定な毎日を過ごしているのではないかと私は見立ててみた。

一人ひとりの課題を整理し、何から取り組んでいくのかを十分検討する必要がある。初日に出会った子どもたちの行動の事実と私の見方をメモした。疲れた一日であった。

注　放課後等児童デイ

児童福祉法を根拠とする。障害のある学齢期児童が学校の授業終了後や学校休日に通う、療育機能・居場所機能を備えた福祉サービス。

かつては、個別の障害福祉法を根拠としていたが、法改正によって障害者総合支援法が根拠となり、未就学児は児童発達支援事業、学齢期児童は放課後等デイサービスに分かれ、身体・発達・精神などの種類にかかわりなく利用できるようになった（現在は児童福祉法に移行・児童福祉法第六条の二の二の四）。民間事業者の参入も進んでいる。

5　暴れまくって、性的遊びをする子どもら

二〇一九年、ことしも蝋梅が咲いて新年を迎えた。昨年の霜月と師走に、感動し涙で目がかすんでしまった記事（原稿）に、いくつか出合った。そして、学童クラブ（放課後等児童デイ）の子どものことを思った。

そのひとつ、全国養護教諭サークル協議会機関誌『保健室・二〇〇号』の原稿が入稿されてきて、「からだ観・生命観を育む・生命誕生の学び　鎌田克信」を読んでいて、子どもがこんなに深く「いのち・生きること」を考え、知りたいことをさらに発展させていくのだと、子どもの作文の文言のひだに涙がこぼれたのだった。まず教師の発問や、子どものつぶやきで埋まっている板書した黒板の写真。その一枚の写真からも、一人ひとりのいのちを大事にした実践が伝わってくる。原稿は母親を亡くした一人の女の子に寄り添うことから教材を組み立てていったことから始まっている。まさに生命観を育てている実践である。学童クラブ（放課後等児童デイ）に来ている、自閉症の子・ダウン症の子・軽度知的障害の子らのいのちは輝いているのだろうか。子どもらの顔を重ねて考える。

二つ目は、朝日新聞の記事「障害のある子の学び　遠山啓氏が始めた塾を引き継ぎ三五年間経営。小笠原毅氏にインタビュー」。子どもの疑問を調べ学んでいる姿勢・どの子も分かりたいと思っているという

子ども観に感動。すべての学校教育で、インクルーシブな生き方を保障する教育をと言っている。いま、私が、放課後等児童デイで考えていることと一致した。

もうひとつ朝日新聞 be（on Saturday） NPO法人「食べて語ろう会」理事長、中本忠子さんの記事。腹を減らしても食べられない子に自宅で食べさせることから始まった話。子どもがしゃべることに、うんうんと聞く。少年院から出てきた子ども、警察に補導された子どももいる。正論をいわないで、しゃべりだした子には、相づちをうつ。教育現場で学ばなければならない、子どもとの向き合い方と子ども観。学童クラブの子どもらの暴力をどうしたらいいか話し合ってみたい、教えてほしいと思った。

こんなにも、子どもが大好きで、心から子どもに向き合う大人がいるんだということを、からだでびんびん感じて、なぜかうれしく思った出来事であった。

こうして、正月の卓上に蝋梅の花を活けて、もう少し子どもとかかわるしごとをしてみたいと思った。

教室の隅に求めるものは何？

がさついた空気のある教室の隅で、五年生の江美ちゃんと、四年生の弘くんは、並んで黒のブランケットを下半身にかけて、こそこそしている。ようく観察してみると、性的遊びに夢中になっている。江美ちゃんは、真っ赤な顔をしている。

離れようねと声をかけると、見えないようにもそもそ、ズボンとスカートのなりを直している。戦争と性にまつわる話ではないが、暴力と性の遊びは、どこか似ているのではないか。健康的な場所を提供していないことの現れである。指導者の支配が子どもに撒かれているのか。この教室から始まったということではないかもしれないが、子どもをとりまく大人の支配に対して、子どもは、暴力という力で抵抗してきたのではないだろうか。そんな生活のしかたを身につけて育ってきたのではないだろうか。支配の構造は、大人から力の弱い子どもに向けて。そして、支配は、攻撃的である男の子から女の子へと、性的遊びという形であらわになったのではないか。遊びのように見えて、寂しさを慰めあっているのではないだろうか。子どもの世界とはいえ、大人の貧しい世界の縮図ではないか。

発達障害の特性を持っているが故に、障害の病気を持っているが故に、いつも怒られ、注意を受け、生き難い生き方を強要されてきたのではないだろうか。人権を無視した怒られ方、注意のされ方に無抵抗の子どもたちは、暴れることでしか表すことができないのではないだろうかと考えた。

この教室における暴力を撲滅することを、指導員が一丸となってやらなければならない。子どもの寂しさは何なんだろう。どんな要求をもって、この教室にきているのか、一人ひとりの子どもを理解することをしていかなければならない。

障害の子の学童クラブ（放課後等児童デイ）とはいえ、基本は同じではないだろうか。子どもを育てる・発達させる観方の基本は、すべての子どもに対しての観方と同じである。

ちんちんぶらぶら

こんな矢先、一年生の雄一郎くんが、小さいちんちんをズボンのファスナーから出しているのである。

一見何かなと思えるぐらい小さい大事なものである。

雄一郎くんは、軽度発達遅滞のある子どもである。ふしぎに思っているのか、ぶらぶら揺らしている。手でひっぱったりもしている。「雄一郎君、ちんちんは大事だから、しまっておこうね」と言うと、「はい」と言って笑う。

この行動は何であろうか。性的遊びの連動であるか。

子どもの送迎が終わって、指導員同士立ち話で議論した。

雄一郎くんや、性的遊びをしていた弘くん・江美ちゃんに、どんな注意のことばかけをしていったらよいかをめぐって、それぞれが真剣に思っていることが語られた。

基本は、「いけないこと・やめなさい」と前面に出さないようにしようという意見が多い。ましてやいやらしいこととして見ない。受け止めないことが大事。

雄一郎くんは、まだ発達の遅れがあるのではないか。触ってみて確かめる。眺めてみて確かめる。ちんちんを出してみて確かめているのではないか。こんな見方を私は話してみた。「きたないイメージをあたえない。手をきれいにしようね。大事なものだからしまっておこうね」と繰り返し話していったらどうか、と提案してみた。

2章　指導員集団づくりと集団のちから

1　子ども観を指導員で共有する

学童クラブは、友だちに悪さをして迷惑をかけるところではない。自分も、友だちも気持ちよく過ごす場所にしなくてはならないことを、子どもたちには学んでほしい。そのことを、大人の側がきちんと伝えてかかわっていく姿勢をどう見せるかが大切だと考える。

子どもの暴力を恐れ、怖いと思う指導員

1章2で紹介した四年生の亮太くん。私は彼の怒りの突進をからだ全体で受けとめたことで、指導員会議を開いて大人の側の体制作りをすることが必要だと思うようになっていた。

そんなおり、ショッキングな出来事が起きた。

学童クラブでは、遅い時間まで残っている子どもに、夕飯につながる腹ごしらえの少量のおやつを六時すぎに出している。

五〇代の女性指導員の波多野さんが、意外にも亮太が料理好きなことを知り、彼が活躍できる場をつくろうと、子どもたちといっしょに和菓子づくりをする計画をした。亮太は、上手に和菓子をつくり、おいしそうに食べていた。波多野さんは子どもが得意とする面を引き出し、気持ちを落ち着かせて、上手な対応をする指導員だなと感心していた。

ところがそれから何日か過ぎたあと、亮太が少し荒れ始めた。しばらくして、波多野さんが、亮太に、ほかの子どもには出さないおやつを特別にあげていたことがわかった。

なぜそんなことをしたのか。波多野さんは、亮太の暴力を恐れていた。自分だけは、亮太の暴力を受けたくないと思ったというのである。だから亮太のことを特別扱いしてしまったのだ。

波多野さんに、それはいけないことだと注意して済むことではないと思った。波多野さん自身も、深いところで傷ついている。

学童の指導員会議を開く

指導員会議を開き、学習することを提案した。みんなで学びあう中に解決があるかもしれない。会議では、「私の考える指導員としての仕事・役割」というテーマでそれぞれがレポートを書き、発表しあうことにした。

会議では、子どもたちの荒れや暴力、秩序のなさについても話しあえたらいいと思った。参考までに、私のレポートを紹介したい。

〈指導員の役割・持ち合わせたい保育観〉

一、指導員の役割

◆子ども一人ひとりをよく観察し、この子の発達の問題は何かをとらえる視点をもちたい。子どもをまるごととらえ、背景をよく知り、からだの成長ぶりや認識の程度をよく見る中で、発達の課題は見えてくる。子どもの示す事実を書きとめ、ちょっと気になるなと思うところを繋いでいくと見えてくるところがある。そのために、もういちど子どもの成長・発達について、いま成長のどの時点に生きているのかということを学びなおさなければならない。

子どもが出している信号、シグナルは、どういう意味なのか。子どもの攻撃性、暴力はどういうことを訴えているのか、子どもの障害は何なのかを、子どもの発達の途上での現象ととらえ、深く子どもを理解する力量が問われている。子どもの見方を指導員で共有する中でこそ、自分のものにしていくことができると考える。

◆子どもが安心して生活できて育つことができる空間をつくる。〝安心〟は、意識してつくっていかなければならない。指導員と子どもの上下関係はないか。

上級生と下級生の支配、支配される関係はないかを、子どもの表す顔つき顔色、声色などから察知しなければならない。

◆安全な空間の中で、のびのび、生き生き遊び、仲間集団で育ちあうことができる空間をつくる。

けがやいのちにかかわるような危険性があるときは、緊急に介入できる体制をつくりあいたい。子どもも集団の遊びにすべて指導員がつくということではなく、育ちあえる遊びを保障しなければならない。

（女の子集団の遊びを見たとき、一人ひとりが生き生き遊んでいるか、よく見ていきたい。）

危険性があるときは、指導員として、防ぐことをしなければならない。子どもの言いなりにならない。子どもによく思われるための言動はとらない。あくまで毅然とした行動で、子どもの安全といのちを守る行動をとることが、子どもを育てることにつながると確信する。

いじめや支配につながりそうな遊びになったときは、子どもの気持ちを聞いたり、本音を出し合えるよう道筋をつくってあげたりの配慮をすることも必要な場面がある。ときには、子どもどうしが、意見を戦わす場面も必要であり、ぶつかりあう中で高めあっていくことも見守りたい。

◆親の仕事の労をねぎらい、子育ての楽しみを共にしたい。

お迎えのときに声かけをし、子どもの様子を伝え、いっしょに笑ったり、涙を流せる関係を築くことができるといい。子どもの成長を実感していただくことで、働く元気、家事をする元気を持って帰宅してほしい。一年生の真理さんのママにいれてあげた紅茶。ママは口にすると、「ほっとするわ！」と座りこんで、一息ついてくれた場面があった。子どもも親も一息ついて帰宅してほしい。明日の生活に繋がる支援をしていきたい。

◆子どものことを伝えあい、親の悩みを一緒に考える関係をつくりたい。学校のように成績で評価しない空間を大事に、親といい関係を築き、子どものことを真ん中に大人としても豊かに成長できるようになっていきたい。

二、持ち合わせたい保育観

・子どもが好き　子どもがかわいい、いとおしいと思える。
・子どもを平等にみることができる。
・子どもを育てることができる。善悪に対して明確に意見が言える。
・子どもを生きる主体者、子どもの権利の主体者としてみることができる。
・子どもを保護し、受容し、守ることができる。
・豊かな文化を吸収できる感性を持ち合わせたい。
・自分らしいことばで、メリハリをもって、伝えることができる。

新米の私は、自分なりに子どもの実態に触れ、学び、理論として以上のようなレポートを短期間でまとめてみた。

他の指導員も、自分が遭遇した事例についてこう考えるというレポートを提出し、学びあうことができた。残念なことに、当日波多野さんは、お休みだったが、引き続き、ミーティングや毎月の会議で繰り返し討議していくことにした。

2　子どもの成長が見える月

子どもと過ごした春・夏……そして秋

学校が早帰りの日、近くの公園で遊んだ。桜もみじの紅と銀杏の黄色の景色を背景に、アスレチックで鬼ごっこに興じ、歓声が響き渡っていた。まるでキャンバスの中のすてきな子どもの世界である。

風が冷たく寒い日だったので、おやつは、焼きおにぎりと野菜たっぷりの餃子スープにした。おかわりをしてくれる子もいて、人気のメニューとなった。悪餓鬼たちが、かわいい声で「餃子スープおいしかったよ」と言ってくれるからうれしい。優しい空気に包まれ、こんな時間の流れがあるから、指導員をしていてよかったと思う。一一月は子どもの成長が見える月である。

四年生の成長ぶり

四年生が計画をして、校庭と学童クラブの教室を使って、ウォークラリーをして遊んだ。四年生に、遊び上手な男性指導員が加わり、話し合いが持たれた。あんなに暴れまくり悪態をついていた子どもたちが、真剣に話し合っている。三つのグループを編成する。四年生のリーダーと四年生以下の学年の子たちのメンバーの組み合わせを誰にするか、誰が運動が得意か、集中できるか、仲間関係はどうかなど、仲間集団を考えることが話題になっている。四年生はすごい。輝いている子どもたちを見ることができた。

四年生が編成した三つのグループで競い合う。三つの場所でそれぞれの課題にグループで挑戦する。「学童クラブの先生の名前を五人言ってください」と、低学年に答えを言わせるグループがあったり、運動の苦手な子に、言葉で答える課題に挑戦するよう促すグループがあったりおもしろい。「長縄を何回とべるかな」。呼吸を合わせようとリーダーの声かけが目立つ。「タイヤとびはどうかな」。「登り棒は登れるかな」。できない子をどうサポートするか、グループの集団の助け合いも点数に入る。「ゴム鉄砲は命中できるかな」。子どもがやってみたい、挑戦してみたい課題が入っている。

リーダーが力を発揮し、グループをまとめ、短時間できびきび動き、態度もきちんとすることを指導している。私たち指導員が感動する場面がたくさんあり、「子どもの力ってすごいね」と、私たちの気持ちも顔もしあわせいっぱいの日となった。集団の育ち、成長の高まりを実感した日である。

成長が見えるまでの諸々のこと

◇くつ隠しする一年生の香子ちゃん

香子ちゃんは、ウォークラリーのときは、登り棒もうまく登れたし、長縄も上手。でも、できない子がいると、「えー、何でできないの。点数がとれないじゃん」と文句を言って、四年生に注意をされていた場面があった。

ふだん、指導員のそばに、べたべたまつわりついてくる子でもあった。それとなく気にかけていた。エレクトーンを習っていて、学童クラブのエレクトーンを上手に演奏している日もある。一年生の女の子たちでエレクトーンを弾く順番の取り合いになると、香子ちゃんはからだは小さいのだが、いつも一番に勝つ。強い子だなあと思っていた。

しかし、一週間のうちの習い事の日がよくわかっていなかったりして、お母さんから、連絡帳や、お電話で「きょうは、スイミング（バレエ・エレクトーン）なので、四時には帰るよう伝えてください」とよく連絡がある。兄姉がいる一番下の妹なので、お母さんは気になっているのかなあと思っていた。

ある日、同じ学年の未来ちゃんのくつがなくなっていた。みんなで探して、香子ちゃんが見つけてくれた。その日はめでたしめでたしで終わった。それにしても、何度もくつがなくなることがおこり、指導員の心配は一致した。

香子ちゃんが、変だ。おけいこで早く帰る日にくつがなくなることが多い。若手の女性指導員が、そうっと見守っていてくれた。くつ箱から、男の子のくつを取って階段を降りていくところを見ていたのである。隠した現場を見られたのに、やっていないと言い張った香子ちゃん。エレクトーンの奪い合いでいつも一番の順番をとる強い香子ちゃんの姿だ。

どうして友だちのくつを繰り返し隠すのか。さがして見つけてくれてありがとうと言ってほしいのか？　注目してほしいのか？　かかえているものは何なのか？　早くわかってあげることで解決につながるのか？　問題が見えないから、気持ちが重い。

めずらしくお迎えにきてくれたお母さんに、「気になっています」と伝えたら、お母さんも、担任の先生に、隣の席の子の消しゴムをとったりすると言われましたと話してくれた。香子ちゃんをかわいがろうねとお母さんと笑顔で約束を交わした。香子ちゃんをかわいがることが、解決の糸口かもしれない。

◇友だちのものを、持ち帰る莉花ちゃん

莉花ちゃんは、リーダーの力を持っている子である。一年生の女の子たちの間で、エレクトーンを弾く順番をめぐりいつも争いごとがおこってしまうのを、莉花ちゃんの力で助けてもらおうと声をかけてみた。莉花ちゃんは、「いいよ」と快く返事をしてくれた。莉花ちゃんの声かけは、一年生の気持ちにすとんと入った。一人ひとりに、「何の曲を弾きたい？　じゃあ、一曲弾き終わったら、次は香子ちゃんの番ね。それでいいかな」といった具合だ。一年生の女の子も納得して争うことはなかった。

そんなふうにみんなをまとめる力を持っている莉花ちゃんが、四年生の桃花ちゃんが鉄棒のところに下げておいたポシェットを手にすると、かけ足で学童クラブの教室に持って帰り、自分のランドセルにしまってしまったのである。

遊んでいる途中で、莉花ちゃんはどうして教室に帰ってきたのかなと不思議に思って、莉花ちゃんの行動を観ていた指導員がいた。桃花ちゃんは、ポシェットがなくなったことで、一大騒動をおこした。学校の職員室にも聞きに行ったのである。

騒動がおこってから、莉花ちゃんの行動を不思議に思って観ていた指導員が、やっとその行動の意味がわかり、莉花ちゃんに話しかけた。「落ちていたと思って拾ってきたポシェットを、まちがって、ランド

セルに入れてしまったかもしれないね。確かめてみよう」と言ってくれたのだった。

莉花ちゃんは、自傷行為があり、髪の毛を抜いてしまったり、眉毛を抜いてしまったりするときがある。外遊びが大好きな莉花ちゃんであるが、たまに出たくないときがあり、そんなときは、教室の中でも積極的で主体的な遊びはなく、テーブルの角に陰部をこすって、まっかな顔をして自慰行為をしていることがある。

そういう日は、指導員は莉花ちゃんを遊びに誘って、おしゃべりしたり、折り紙をしたりして過ごす。莉花ちゃんの寂しさをわかり、気持ちを理解し、理性で善悪の判断ができる子に育てたいと思う。

3　子どもの行動の背景を考える

青色のつゆ草の花が、まだしぼんでしまわないうちの早朝に出勤する。都会的な街にも、つゆ草の雑草を見つけたときは、「見ーつけた！」と子どものように嬉々として両手でそうっと触れてみる。もう一度あの青色を見たくて、朝早く駅からの道をゆっくり歩く。葉っぱに露の玉が光っている。ＡＤＨＤ＝注意欠陥・多動性障害といわれている四年生の愛子に見せてあげたいなあと思う。

愛子は、露の玉をぽんと飛ばしてしまうかなあ。それとも、指で突っついてみるかなあ。足で蹴るかなあ。いや、そうっと、青色の花を摘むかなあ。出来事を想像する。

その愛子に、どうかかわればいいのか、みんな悩んでいたのだった。

私が、学童クラブの子どもらの挑戦状を受けてやろうじゃないかと、学童クラブの子どもらにはまってしまったころ（1章1・2）愛子は、暴れるように走り回り、学童クラブから抜け出して外へ飛び出して行っていた。愛子を、男性指導員二人がかりで追いかけた。愛子に振り回されているような光景だ。愛子には、ＡＤＨＤという診断があり、指導員加配があり、担当として二人体制で対応していた。ＡＤＨＤの多動性に合わせた対応を追いかけるということでやっていたのである。

私は、愛子の対応をどうしたらよいか、どう向き合えばよいのか、見に来てほしいと何度も声をかけられ、学童クラブの教室に入ったのだった。愛子のような子は、学校の教室にもいたし、特別におかしい子、大変な子とは映らなかった。実際にかかわってみなければ、どんな子どもであるのかわからない。他者とのかかわりを観察し、実際にそばでかかわって見えてきた愛子の側面がある。

愛子の言動の背景

なぜ愛子に振り回されるように、二人がかりで追いかけているのだろう。愛子は、二人の男性指導員が追いかけてくるのを楽しんでいる。これでもか、これでもかと追いかける指導員を挑発し、どこまでも逃げていく。男性指導員は、途中で、声を荒げて「にげるな！」と叫んでいる。愛子は押さえつけられ、連れ戻される。

愛子の安全を確保するために、毎日こうして追いかけていたのであった。指導員としては、愛子の身に何かあってはいけないので、愛子の動きに合わせて守る体制をつくっていたのであった。体制としては、わからないでもないが、しかし、私は、どうして追いかけて守ろうとするのだろうと、疑問であった。追いかけるから、どんどん逃げるのではないか。愛子は、どうして教室にいたくないのか。愛子の特性は、何なんだろう。暴走したかったら、安全を確保して暴走させてみたい。教室から抜け出して、学校外に行くことがないよう見守ることだけをして、どんな様子か見てみよう。私が愛子担当になったときに、提案してみた。教室から逃げ出しても、追いかけなかった。愛子は、すこし経つと帰ってきた。「意味のない逃げ方をしても、追いかけることはしないよ」と愛子に伝えた。「追いかけっこしよう！　と誘ってくれたらやろう！」と伝えた。こんな対応をする中で、外へ逃げ出すことは、なくなっていった。「追いかけて、仲良しにはならないよ」「愛子ちゃん、何して遊ぶ?」と呼びかけていった。

愛子はどんな遊びが好きで、友だちの誰と仲良しで、どんなときにパニックになったり、どんなときに暴走したりするのか、事実をよく見ていこう。その中から、どんな言葉かけや、対応をしていくか考えようと指導員で話し合った。愛子の記録を書く中で変化を気づいていくようにした。

愛子は、遊びたいことを主張できる。「外遊びがしたい」という。外に行くと、ペットボトルに水を入れて、女性指導員に水を引っ掛けて笑って楽しんでいる。洋服がぬれてしまうからやめるようにと注意をすると、なぐったり、蹴ったり、男性指導員にホースで水をかける。周りにいる子どもたちも巻き込んでいく。そんな日のことを考えると、外へ逃げて、追いかけるよう挑戦していたときと同じではないか。愛子の挑戦を変換しただけではないか。

愛子のことのとらえなおし

愛子が、本当にしたいことは何だろう。平静な気持ちで、自然なかかわりを求めているのであると思う。室内では、眠いときは指導員に抱っこをしてもらい、眠ってしまう様子が見られる。突然おもらしをする。「おもらししちゃった」とうれしそうに言う。こんな愛子について、甘えたいのか、具合が悪くて眠たいのか。と二人の指導員は記録を残している。おもらしの始末をしてもらうことで、「私の本当に辛いことはね……私は本当は、こんなことが言いたいの……私は本当は、いやなことはね……」と訴えているのだろうかと考える。

愛子は、縫い物が好きなようだ。ぬいぐるみの洋服作りをしていた。フェルトを切って針を使って縫っていた。同学年の女の子たちは、愛子が縫っているものに興味があるのか、いっしょに加わることが楽しいのか不明だがそばにいる。しかし、子どもたちは、愛子の攻撃・暴力がこわい。豹変することがこわいのではないだろうかと思っていた。お弁当の時間は、愛子を囲んで円座で食べている。すると、理由は不明だが、突然攻撃的になり、周囲の子どもたちや指導員をなぐって、興奮する。そんな最中に失禁する。失禁も大きな訴えをしているのではないだろうか。

愛子の訴えを受けとめる

愛子を見ていると、養護教諭現職であったころ出会った南のことを思い出す。小学校一年生から六年生まで付き合った。卒業して一五年経った今も、時々会う。

南は、一年生のころから不安を持っている子であった。三年生のころ「痴漢にあった」と何度も虚言を吐いた。五年生のころ、愛子のように、保健室で暴れまくった。南は、周りの女の子集団を巻き込んで、アダルトビデオの視聴会をやったり、暴力の波紋を広げていった。愛子の暴言、暴走、暴れ方、攻撃は、南のそれと全く似ていた。

愛子は、男性指導員の前で、からだがかゆいと言って、Tシャツを脱いで裸になる。男の子のいる前で裸になる。失禁しては、おまたをふいてと、トイレの個室で言う。

南と出会った当時、私は、必死で学んだ。地域の保健師さんを講師に校内研修で「虐待」について、教師集団で学んだ。虐待防止センターから講師を依頼し、地域の3校（中学校・小学校2校）合同学校保健委員会研修と銘打って、「虐待」について、学びの取り組みをした。

学びの中で、西澤哲氏の文献に出会った。ADHDの言動と性的虐待を受けた子どもの言動は似ているという箇所を学んだ。これだと私は納得したのであった。

私たち指導員は、子どもの言動を表面的に判断するのではなく、子どもの本当の声を聞く、本当の姿を見ることをしていきたい。

4　子どもは子ども集団の中で育つ

この夏の猛暑は、地球の異変を現しているのか、生きている万物の生き難さをからだで実感した夏であった。夏は夏の暑さの中で過ごし、めぐりめぐって、秋は秋風が吹いて、冬に向かう空っ風が吹いて、銀杏の葉っぱが飛んでしまい「寒いね」と言って一一月を迎えたい。自然界はいつものようにめぐってほしいと願う。

この六月に、第七一回カンヌ国際映画祭パルムドール賞を受賞した映画「万引き家族」を観た。是枝裕和監督の作品である。是枝監督の映画「誰も知らない」を観たときは、学校の子どものことを思い描きながら観た。この「万引き家族」を観たときは学童クラブの子どもたちのことを思った。血のつながっていない家族であっても絆で結ばれている。祖母の初枝（樹木希林扮する祖母）の年金で生活を営んでいる。足らない分を万引きでまかなう一家である。今の生き難い社会の縮図の問題がごろごろころがりこんでいるのをかかえこんでいる家族。貧乏な暮らしなのに、家族はよく笑ってよく食べている。カップめんやそうめんの食べ方が豊かなものを持っていることを見せつける。そうめんのすする音が、悲しく、楽しいものに聞こえて何かを美しくつぶやいているように聞こえてくる。

私は、この夏に何度もそうめんを作り、すすり方のまねをしてみた。しかし、何度試してみてもあの映画のシーンのような音を出すことができなかった。

そうめんをすすりながら、考えた。学童クラブで成長しあってきた子どもたちの絆は育っていると思った。おやつを食べている子どもたちの姿を思い浮かべた。食べている光景は暮らしの貧しさや心の豊かさがにじみでるんだと思う。さつまいもを蒸かしたにおいを「くせー」と言った子ども。「うめーな」と言って笑いながら食べる子どもたち。口のきき方は悪いが、笑ったりして学童クラブの生活にも楽しさがあった。万引き家族の楽しい空気と似ている。学童クラブの暮らしがあったということである。学童クラブの子どもたちの絆の深さを確かめてみたいと考えた。

祖母役の樹木希林は、パンフレットでインタビューに答えている。「人間は年をとるととんでもない顔になるんだっていうのをやってみたいと思いましたね」と。私は、学童クラブのおばあちゃんになりたいと思ったことを、樹木希林の言葉に重ねて考えた。とんでもない顔にという大胆な言い方に、その深さに大きな感動を覚えた。私は、学童クラブの施設長（3章6参照）として徹した役割ができたかを、子どもたちの成長の絆と合わせて確かめたいと思った。

競い合う喜び

学校が四時間授業で早い帰りの日にミニ運動会を設定した。四年生と遊び上手な指導員の話し合いが何度も何度も練られていった。

種目は、「紅白大玉ころがし・障害物競走（缶ぽっくりで歩く・ブルーシートくぐり）・長縄とび・リレー」と難しそうで楽しい種目を考えていた。

一年生から四年生までの力の差があったり、技術がなかったりは、子どもたちも充分認識していた。グループ分けも、力関係を考慮して分けることを話し合っていた。グループが事前に発表されると、グループごとに練習する姿が見られた。四年生は、リーダーとなり、三年生で運動能力の高い子は、四年生に指名され、いっしょにリーダーとして低学年を教えたりしていた。私は、子どもが燃えていくのをわくわくしてからだで受けとめていた。

低学年の子どもたちは、はじめて缶ぽっくりをはいて縄を持って歩くことをやってみる。「えー、むずかしいよ」「歩けないよ」とかわいい声で訴えている。「大丈夫。縄をしっかり持って!」と強い声を出して教える三年生や四年生。できると「やったあ!」と歓声をあげている。できた喜びと教える喜びが重なりあっている。夕方のうろこ雲を見ながら、子どもってかわいいなあと思う。

ミニ運動会当日は、大風が吹いて、砂埃が舞い上がった。指導員は、長縄をまわしたり、ブルーシートを抑えたりからだをよく動かした。風が吹いても子どもたちは、勢いをつけて競技をやりこなした。節目ふしめで、子どもたちも、指導員も「やったあ」と楽しかった気持ちが爆発する瞬間を重ねてきた。

いままでの積み重ねが、このミニ運動会で盛り上がりみんなで一丸となって楽しんだ。子ども集団の成長の高まりは確かなものであった。子どもたちと指導員の絆は深く手をつなぎあっていることを、静かに胸に収めた。

いつもいる大人が大事

子どもが学童クラブを居場所と思って安心して生活できるのは、指導員の存在が大きい。子どもにとって、毎日いてくれる指導員が大事だ。ときには、甘えてみたり、泣いてみたり、反抗してみたり、すべてを受け入れてくれる大人がいることによって安心するのではないか。愛着を形成していくのではないかと思う。

私が、学童クラブに顔をだしたときの子どもたちの暴力はいつの間にかなくなっていった。荒れている行動を、すさんでいた気持ちをすべて受け入れるところから出発したのだった。満たされなかった空虚な気持ちが、大人を信頼してもいいんだということから、安心感で埋まっていったのだと思う。家庭で気持ちが満たされない子どもは、それができるところで、父母に代わる大人がやればいいことである。それが、学童クラブの役割でもあるのではないかと思うようになった。

手紙　保護者から

♥

二年半本当にお世話になりました。

子どもだけではなく、母であるはずの私までもが助けられました。この子が小学校で何とか落ちついたのは、学童クラブとそこにいてくれた先生たちのおかげだと思います。心の優しい子だと思っているのですが、いろいろことがらを表現するのが、とても不器用な子なんだろうなと思って見ています。そんなわが子をていねいに見てもらえたと思っています。

♥

母子ともに大変ご迷惑をかけた三年間だったと思います。でも私は、学童クラブにお迎えに行ったときの先生方に〝お帰りなさい〟と声をかけてもらうのが、とてもうれしかったです。

5　子どもが輝くとき・そうではないとき

如月《きさらぎ》の月は、人が生まれたり、死んだりする月のように思ってきた。どの月もそうであろうが、私の身近に体験したことで、そう思うのである。初孫が生まれた夜は、満月だった。それからというもの、月が満ちていくたびに、孫は大きくなった、発達したと実感して思う。

「子どもの発達研究会」をたちあげ、一〇回連続でやるよと、いっしょに研究会を煮詰めて学びあってきた主宰者の石田一宏氏（精神科医）がご逝去されたのも如月の月。一〇回目の研究会の日、福井は深く積雪されていた。石田一宏氏が亡くなったのは、一〇回目の研究会が終わって三ケ月後のことであった。

この最後の研究会の日、高校生の娘が弾いていたピアノ「ベートーヴェンの熱情」の曲が聞こえてきた。生きたい叫びを燃えるようにうたう激しいフレーズの部分が窓外に流れていた。

幻聴だったかもしれない。人生の終焉を迎えるときに、「子どもの発達の臨界期」を研いで継ぐ講義のなかに希望を語る偉大な人を見た。めぐりめぐって、如月の凍てつく夜に、人の生き死を思い、輝く光に祈りたい気持ちになる。

こうして、私は、きょうも、子どもの発達にかかわるしごとをする。障害があろうが、なかろうが、子どもは、発達の途上を生きている。子どもがかわいいと思える瞬間に出合えたとき、しごとの喜びを思う。

孫が小学校にあがって、音読の宿題をよく聞かせてくれた。「おばあちゃん聞いて!」と意気揚々と読みあげる。

くまさん

まどみちお

はるがきて　めがさめて
くまさん　ぼんやりかんがえた
さいているのは　たんぽぽだが
ええと　ぼくはだれだっけ　だれだっけ
はるがきて　めがさめて
くまさん　ぼんやり　かわにきた
みずにうつった　いいかおみて
そうだ　ぼくはくまだった
よかったな

孫は、「おばあちゃん、この詩のどこが好き?」。私は、「『そうだ　ぼくはくまだった　よかったな』のところだよ」と言うのだ。

学校に行って学びが楽しくて、からだじゅうにあふれているとき、誰かに伝えたい、教える力として、育ちを獲得しているのだと思う。こんな孫のような子どもに学童クラブ（放課後等児童デイ）で出会った。

「大きなかぶ」もう一回が七回も読んで楽しむ

学童クラブの一年生のたけしくんは、「きょうの宿題は、音読だよ」と言って「大きなかぶ」を読み始めた。

教室中に聞こえる大きな声で読み始めた。同じテーブルで勉強していた三年生ののりおくんが、途中から加わり、「うんとこしょ　どっこいしょ」と群読の声の響きにかわる。

かぶは、やっとぬけました。と終わって、二人が顔を見合わせて、にこっと笑う。休むまもなく、また「せんせい、もう一回やろう」と言う。

このお話は、ロシアのお話だよ。トルストイという人が昔のお話をもう一度つくったのよ。だから、読むときに、「大きなかぶ　ロシアのお話　トルストイ再話」というんだよ。とつけ加えてみた。こうして、七回も群読を楽しんだ。

このお話のどこがおもしろいの？　と聞いてみると、「おじいさんが、おばあさんを呼んできて、おばあさんが孫を呼んできて……犬、ねこ、ねずみといっぱい呼んでくるから」と教えてくれる。そして、「みんなでうんとこしょ　どっこいしょというところが大好きなんだ」と言う。

じゃあ、みんなで、劇をやってみるとしたら、だれがおじいさん役に似合うかなあと言ってみると、

「うーん？　おばあさんだったらすぐ言えるよ。せんせいが似合うよ」という。言ってくれるじゃないか。この私がおばあさん役。このおばあさんが、いっしょにいたから、うんとこしょ・どっこいしょと何度も楽しめたのではないか。子どもには、そばに信頼できる大人がいて、しかも、黙って口うるさくなく、同じ気持ちで楽しんでくれるおばあさんのような、背中をそうっと押してくれる人が必要なのかもしれない。子どもの内面に潜んでいる発動意欲を引き出すおばあさんが必要なのではないだろうか。

そして、子どもといっしょに、ああ子どもってこういうおもしろい面をもっている生き物だと感動し、いっしょにいて幸せだなあと思えることが大事なのだと思う。障害を持っている子も発達の途上を歩んでいるということを確かめることができることが、しごとの喜びであると思う。このたけしくんも、のりおくんも、自閉症の症状を持っている子なのだ。でも、こうして次から次へと会話として発展していた。ふだんは、ペーパークラフトの電車をつくり、斜めの角度から電車を見て、走らせている。それが、きょうのように、二人して、楽しみの次元を高くして、お互いに音読のおもしろさを共有している。よい文学は、人間らしさを育てていることに、いっしょにいて感動したのであった。

学校で学んできたことを、再現する。子どもの学びの感動を、あるいは、学びを獲得していないことを受けとめる家庭や放課後等児童デイのような学童クラブのあり方を、作っていかなければならない。学校の延長線上で、何を学ばせていくのかを、課題として討議しあうことを位置づけていかなければならない。

いつも怒られている、さちおくん

六年生になって、からだも大きくなったさちおくん。さちおくんは、自閉的傾向のある子ども。登所したときに、耳を両手で塞いでいる日が多い。教室の音が、（子どもの大きな声が）いやなのだろうなと思う。さちおくんは、ふいに、「さちお、いけません！」と言う。どこかで、誰かに言われている言葉であるなと思う。

さちおくんの特技といったら、体温計のケースや、マジックペンのような少し細長いものを軽くとんとんたたくことである。いつも同じものではなく、友だちが使っているえんぴつであったり、線引きであったり、音を出すものに変化をつけている。しかし、黙ってつかってしまうので、指導員から、常に怒られている。ひどいときは、教室の隅にテーブルを置き、中に押し込められ、そこが居場所のように作られ、出られないようにされている。一日のうち、何度も「さちおくん、いけません」と怒られている。私は、一度、さちおくんにいきなり前方からものすごい勢いで倒された。いつも怒っている常勤指導員と同じ仲間と思われたのかもしれない。怒られる理由もわからないまま、何度も積み重なって、さちおくんの抗議であり、仕返しではないだろうかと思っていた。

ある土曜日のこと。いいお天気で、公園に遊びに行くということが提案された。さちおくんは、外へ行きたいので、一番に並んだ。すると、すかさず、常勤の指導員から、「さちおくんは行きません」と言われた。さちおくんは、右腕を骨折していて、まだ外遊びは無理だからという理由によるものだったのだが、さちおくんにわかるような説明はなかったのである。その後のさちおくんの行動は、怒られることばかりであった。おもちゃコーナー付近で放尿はするし、ラキューのパーツは飲み込んでしまう。本当に悪いことをした。さちおくんの指導員に対する抗議ではないだろうかと、私はとらえていた。きちんとした的確な言葉をつかって言うことができないので、行動で表しているのではないだろうか。さちおくんの表現している言葉の持つ意味を深く考えてみなければならないと思う。

「さちお、いけません」の表現は、なぜぼくのことばかり怒っているの。ぼくは、そんなに悪いことばかりしているの？　ぼくのことばかり怒っていたら、ぼくは、もっともっと大人にとって悪いことをやっていくよ。どうしてぼくをかわいがってくれないの。と抗議をしているのではないかと、さちおくんの気持ちになって考えてみた。

大人の不適切な言葉や行動が子どもの脳を傷つけているのではないか。マルトリートメント（不適切な養育と訳される）といわれることではないだろうか。

3章　地域とつながり、親と教師が一緒に考える

1　親も心配事をかかえている

保護者会で

学童クラブの窓の下で、紫陽花《アジサイ》の花が青く色を染めた。六月に入った土曜日、学童クラブの保護者懇談会が開かれた。

事前に、指導員会議で、話し合いの中身の検討があった。中心議題として、子どもの普段の様子をどう伝えるかがあった。保護者にとっても、一番知りたい点である。子どもの暴力のことを伝え、保護者といっしょに考えたいとは、指導員みんなの考えであった。子どもたちが学童クラブでどんなふうに過ごしているか、私たち指導員がどのように子どもに対応しているかを話そうと、指導員同士で意見を出し合った。

保護者としては、せっかくの休日に学童クラブに出向くわけである。ゆっくりした気持ちで安心して本

音で語り合う雰囲気をつくろうと確認しあった。

こんな指導員の方たちに囲まれて、こんなふうに子どもを見ていてくれて、こんなふうに寄り添ってくれていることを、保護者の方たちに実感してほしい。顔を合わせる貴重な機会でもあり、受け持った議題を提起するときに、指導員それぞれが自分の人柄を出しながら話ができるといいと思っていた。

一番の懸案事項である子どもの実態・暴力については、新米の私が話をするはめになってしまった。最初は自己紹介から。

「私は、子どもたちから〝くそばばあ〟と言われています。本当に、おばあさんになってから、指導員になりました。だから、〝くそばばあ〟と言われてもしかたがありません。子どもたちはそういうにおいを感じてくれているのでしょうか。〝くそばばあ〟と悪態をつきたくなるときあり、何でも頼りたくなるときあり、甘えたいときありの子どもたちです。私は〝くそばばあ〟と言われても、学童クラブの仕事にはまってしまいました」

保護者の方は大笑いしてくれた。年恰好は子どもの祖母ぐらいだと見てくれただろうか。親たちの母親ぐらいかなと思ってくれただろうか。祖母や母親と重ねて思ってくれたらラッキー。その方が近しく話せると思っていた。

保護者の方たちが笑ってくれた後に、子どもの暴力についてふれた。こんどは真剣な目で受け止めてくれていた。

「くそばあ！」

それって、うちの子じゃないですか？

保護者会が終わっても、何人ものお母さんたちが残って、指導員をつかまえてしゃべっていた。

私に話しかけてきたのは、うちの龍夫ではないですか？」と。「いや。いっぱいいますよ。お母さんどうしてそう思われたの？」「うちのおばあちゃんをつかまえて、〝くそばばあ！〟と言っているのを耳にしているのです。申し訳ありません」

「お母さん、〝くそばばあ〟って言葉だけを聞いていると、とっても悪く聞こえるけれど、そう言えることってすごいことだと思っています。子どもが何を考えているかってことの、ひとつのヒントになるものね。龍夫くんち、おばあちゃんといっしょで、大家族でいいわね」

そうするうちに、お母さんは胸の内を話し始めた。

「いま、私たち親子は、実家に居候しているのです。夫と離婚して、経済的に苦しいのでお世話になっています。いつまでもお世話になれないから早く独立しなくっちゃって思っています。子どもたちも、きっといろいろ不安に思ったりしていることだろうと思います。子どもたちは、時どき父親と会っています。でも私に気遣っているのがわかります。離婚って、子どもにとってもいろいろ問題を残しますね。先生方には何かとご迷惑をおかけすることがあると思います。めんどうをよろしくお願いします」

暴力の内側

龍夫の悪態の内側に潜んでいたものが、痛いほどわかった。龍夫、寂しかったんだね。お母さんも妹もお父さんも、みんなして乗り越えていかなければならないことだよね。龍夫の寂しさが分かり、龍夫の暴言、暴力をどうすればいいかが見えてくる。私は、あなたにとことん向き合っていくぞ。覚悟して待っていてと、悲しみを共有しながら思う。

龍夫は、父親不在のことをずっと心に秘めていた。ある日工作をしているとき、龍夫は、四年生の亮太（1章2、2章1に登場）に、「お前んちの父ちゃん、いつもいないよなあ」と言われた。龍夫の今にも泣き出しそうな悲しい顔を、それまで見たこともない。私は、とっさに龍夫を心で抱き上げた。「あのね。龍夫くんのお父さん、いまお仕事の関係で単身赴任しているんだよね。だから別々に暮らしているんだよ」とすらすらと言葉が出てしまった。そうしたら、龍夫の明るいにこやかな顔。こんな顔も見たこともない。

この場面は、一見落着したが、私が口を出したことがよかったのかどうかわからない。しかし、その後の龍夫は変わった。素直に気持ちをぶつけてくるようになり、何よりも笑顔が多くなった。いつでも、「あなたの寂しいこと、悲しいことはわかっているよ。そんなに悲観することはない。悲しかったら暴言をはかないで、泣けばいい」と言葉にはならないメッセージを送った。

先生、夫がリストラで……どうしよう

午前中に事務仕事をしていたら、三年生の、中山未来の母が飛び込んできた。「先生きいて！」と、床にしゃがみこんで泣いている。

話を聞くと、夫がリストラされ、次の仕事を探しながら家にいる時間が多いとのこと。これまでと顔つきがちがうし、ぼうっとしているし、悩んでいる様子。変だと思って、心療内科を受診させたら、うつになっていて……とのことだった。

いい香りのアール・グレイティーをいれて、椅子にすわってもらい、しばらく話をきいた。

「お母さん、いま一番大変かもしれない。でもお父さんにも、しばらく療養が必要かもね。子どもたちは鋭いから、不安になって、何か行動にでるかもしれない。お母さんの心配や悩みは、ここに来て、ぶちまけてちょうだい。いっしょに考えよう」

中山未来の母は、実家の母に話しているみたいだと言って、少しほっとしたような顔で帰っていった。

夫が病気で入院　この先のこと

仕事が休みの日、三年の林百合の母は、やはり午前中に学童クラブを時どき訪れる。深い悩みを背負っている。

話によると、夫は、肺がんの末期で入院している。百合の母は子連れで嫁いできて、舅姑にいままでい

じめられてきた。連れてきた前夫とのあいだの娘も、何かといびられてきた。

百合はおじいちゃんおばあちゃんにかわいがられて育ってきた。でも、お姉ちゃんの場合となぜ待遇がちがうのか、いま疑問に思っている。夫が病気になる前は、かばってくれたからなんとか同居してきた。夫が死んでしまったら、義父母とはいっしょにいられないから、百合も連れて家を出て行こうと思う、と。

「お母さん、大丈夫⁉」といっしょに泣いてしまった。

親たちの心配・悩み・悲しみは深くて切ない。

せめて子どもが学童クラブで元気に育って、子どもらから元気をもらって、親も笑ってほしい。

学童クラブの教室は、子どもたちの汗と土のにおいのする場所であるが、親たちのゆがんだ顔や泣いた顔、ちょっと苦笑いした顔がのぞくところでもある。

2 「やめさせます」爆弾宣言をどう引き受けるか

無病息災を願って

二月三日は節分。子どもたちが病気をしないで、災難にもあわず元気で暮らせますようにと、節分の集いをした。ごろごろベースのステージに、「豆がら、ヒイラギ、いわし」をかざった。

節分のいわれ「無病息災」を話して聞かせると、子どもたちは神妙な顔で聞いてくれた。

昔は、豆がらとヒイラギ、いわしを大きなかごにお飾りのようにアレンジして、家の玄関口の天井に置いたものだ。豆がらとヒイラギといわしはどういう意味があるんだろうねと話しはじめると、四年生の幸希くん（1章3登場）が説明してくれた。豆がらは振ると、からから音がする。ヒイラギの葉は触ると、とげとげで痛い。いわしは、くさい。だから、鬼がやってきても、逃げていくんだと。幸希くんは、大阪からおばあちゃんがよく来て、お世話してくれているので、おばあちゃんの生活の昔話にでてきているのだろう。よく知っている。

物知り博士は、幸希くんばかりではない。何人もいた。「鬼のことばをつかったことわざ知っている?」のプログラムでは、二年生の美海ちゃんは、「鬼にかなぼう」と言った。さらに「強いおにが、強いかなぼうを持つと、もっとこわく見える。無敵だよ」と意味まで言ってくれた。三年生の花梨ちゃんは、「鬼の目にもなみだ」と言ってくれた。「意味は、きっと、強い鬼でも泣くときもあるよ」と。まるで大家族でしゃべっているようであった。

クライマックスの豆まきに入る前に、若手男性指導員が「泣いたあかおに」の本を読んだ。子どもたちは「知っている！　国語の本にあるよ」と言っていた。読み始めると、子どもたちは、しーんとなって聞いている。読み手の指導員も涙を流しながら読んでいた。

大雪が降る二月だ。私も雪の花びらが踊っているようだわ……と一年生に話しかけ、雪にまつわる昔話をひとつしましょ、と、「むかし、むかーし……」と話し始めた。いろりがあったらよかったのにね。

「貧乏なおじいさんとおばあさんがくらしておったと。今夜は食べるもんが、なんにもないなあ、じいさん。とおばあさんは言ったと。うん、隣の家の畑の大根もらって煮て食べるしかないなあ。どうだい、ばあさんと言ったと。おじいさんは、隣の家の畑から大根一本抜いてきた。いろりの火でことこと煮てふうふう言って食べたと。雪はしんしんと一晩中降り続いた。おじいさんの足跡の上にも雪が積もったと」

子どもたちは、だれ一人、おじいさんは、どろぼうしたんだという者はいない。大根の煮えてきたいいにおいがしてくるようだ。貧乏な生活だが、気持ちがあったまってくる。大自然は、貧乏の味方だった。子どもと指導員の優しい気持ちが共鳴しあう二月である。

友だち同士のトラブルから

安泰の日が続いたかと思うと、また問題発生。一年生の莉花ちゃん（2章1に登場）のお母さんがお迎えにきて、突然「学童クラブやめさせていただきます」と言われた。お母さん、いまお茶をいれますね、と座っていただいた。怒っているのか、どうしようもない気持ちをぶちまけたいのか、お母さんの気持ちをどう引き受けるか、お茶の用意をしながら考えた。（お母さん、何言ってもいいわよ。受け入れ準備ＯＫよと心の中でつぶやいた。）

何があったのか、おおよその事実はつかんでいた。

先日、お迎えの遅い子どもたちが、部屋の隅に囲いをして、ままごとをして楽しんでいた。テーブルクロスなどで囲ってあるので、中は見えない。そのうち、一年生の優子ちゃんが、泣いて出てきた。見ると、おでこに、何か物で傷つけられた痕があり、血がにじんでいる。明らかに力が加わったケガである。表面の傷なので残らないだろう。でも顔のことだから、ご両親は心配するだろうなあ。それにしても、なぜだろう？　加害者がいたら、気持ちを知る必要がある。

けが人が出たから、もうお片付けしておしまいね、と言って、子どもたちの話を聞くことにした。優子ちゃんに、何をしているときにケガをしたのか聞いた。すると、二年生の莉花ちゃんに顔を見せてといわれて、おでこにぎーっとやられたと言った。「痛かったね。消毒しておこうね。莉花ちゃんにも聞いてみるね」と話した。優子ちゃんのお母さんのお迎えのときに、私たちがよく見ていなかったので申し訳ありませんと謝罪した。

一方、莉花ちゃんに聞いてみた。莉花ちゃんは「やっていない。絶対やっていない」と言い張った。そこで、莉花ちゃんのお父さんのお迎えのとき、ままごと遊びのときにケガが発生したこと、私たちは見ていなかったが、被害者の優子ちゃんがこう言っているということを話した。お父さんは、優子ちゃんのお母さんと出くわしたので、優子ちゃんと優子ちゃんのお母さんに謝ってくれた。

ところが、家に帰って莉花ちゃんのお母さんは、莉花ちゃんから聞き出した。これまでは、最後には悪いことをしたことを認め、謝ることができる子であった。しかし、今回は絶対にしていないと言っている。「こんなに頑固にやっていないと言っているので、今回は莉花を信じてみようと思う」とお母さんは言われた。「先生は、うちの子がやったと思っているでしょう。今まで悪いことばかりしてきたから、そう思われてもしかたがありません。また悪いことをする日がくるかもわかりません。みなさんに迷惑をかけることになるので、来月から学童クラブをやめさせます」と言われた。少し怒っている様子であった。

莉花ちゃんを信じる

入所のときのお母さんとの面談を思い出していた。お母さんはなかなかの実業家。何店舗も経営している。お父さんと知り合ったときのことも話してくれた。一〇歳以上離れている。お父さんは、私ぐらいの年齢でとても気さくでいい方だ。お母さんは夫の（先妻の）息子と年齢も近く、息子夫婦が来日し遊びに来るという。「いやだわ。わかる？　先生！　この気持ち。私と同じ年ぐらいの息子よ」と話してくれたっけ。莉花ちゃんはお稽古ごともいっぱい行っている。自傷行為・自慰行為もある莉花ちゃん。その莉花ちゃんを、お母さんがこんどは信じてみると言っている。

「お母さん、よくわかりました。ところで莉花ちゃんはやめたいと言っているの？　今夜よく話し合っていただきたい。お母さんが莉花ちゃんを信じてみると言われたこと、とっても大事なことだなあと私も思います。

私は莉花ちゃんが成長してきたことを実感しています。学童クラブでの生活の事実を見てきました。この前いけないことをして、私の膝にだっこされて大泣きしました。認めることがとっても悔しかったのですよ。いつも怒られているでしょ、と聞いたら、うんと言って大泣きしたんです。莉花ちゃんがリーダーになってくれてみんなをひっぱってくれたり、一年生とうまく話してくれたりするのが、私はとってもうれしいと言いました。

お母さん、莉花ちゃんがやめて来なくなったら、私は、莉花ちゃんがどう成長していくか、見えなくなってしまいます。今夜よく話し合ってね」と伝えた。

翌日、莉花ちゃんは元気に来て「やめないよ」と言ってくれた。これで、莉花ちゃんのお母さんの手作りきんぱをまたごちそうになれるんだあ。

3　おばあちゃんは、おばあちゃんのままでいい

八月の青い空に、あか色の花は燃えるように咲く。サルビア、カンナ、夾竹桃、百日草、ダリア、千日紅、鬼ゆり……暑い夏に似合う色だ。私の育った家の庭に咲いていた草花が浮かんでくる。私は、やっぱり夏が好きなんだ。からだの中から、燃える元気を持って生きている。

いつも庭には、草花が咲いていて、牛やにわとり、猫がいて、おじいちゃんおばあちゃんがいた。昔は、そんな家の風景があった。盆、暮れ、正月、彼岸、そのたびに父、祖父の兄弟が夫婦そろっていとこたちを連れて来訪した。そのたびに、嫁である母は、せっせと田舎料理を振る舞い、父は、酒盃をあげ、ご馳走した。帰りには、おみやげに収穫した季節のもの「新米、ささげ、ごま、落花生、もち」、それに加え、「鶏のたまご」などを持たせた。

そんな中で育った私の子ども時代は、祖父母といっしょの大所帯の生活があたりまえであった。祖父母からは、昔からの言い伝えなどを教わった。しかし、今の家族形態はかわり、家族の中で安泰した家族モデルをからだに感じて育つことはなくなった。

仁のおばあちゃんのハイカラが輝くには

仁は、二年生。夏休みの学童クラブは八時開所である。それなのに、七時半を過ぎると、かわいい麦わら帽子をかぶって、一番に登所する。

「せんせい！　開けて。教室に入れて。いいでしょ。せっかく早く来てあげたんだから」と言う。

朝の涼しいうちの学習タイムの時間になると、仁は、夏休みの宿題をしている友だちにちょっかいを出して邪魔をして歩く。みんなが勉強に集中しているのに、いち早く遊びたくなり、走り回ったり本格的に悪さをする。一番乗りで登所した、あのかわいい姿はどこにいったものやら。

ある日、仁のおばあちゃんが、ものすごい剣幕で、学童クラブにやってきた。すてきなワンピースのおしゃれは、その怖いお顔にはちょっと似合わない。

「何度電話してもつながりません。どうしたんですか！　早く帰していただこうと思っても、連絡がつきません」

「どうもすみません。しかし、電話は呼び出し音は鳴らなかったのですが……」

しまった。やられたあ。仁が電話線を抜いたのだ。きっと。

「おばあちゃん、電話線が抜けていました。申し訳ありません」

「なぜ、電話線が抜けているのですか？」とおばあちゃんは、追求してやまない。子どものいたずらを話してもわかってくれるおばあちゃんではない。

「おばあちゃん、きょうは、急に仁くんはお出かけになりますか？」

「ええ、剣道のおけいこの時間です」

仁のおばあちゃんは、毎日、仁の行動のスケジュールを把握して、管理しているのである。仁の朝一番のかわいい姿をいとおしく思う。

「仁くん、あなたは、いつもおばあちゃんに、何時ですよ。こんどは、お勉強の時間ですよ。何時ですよ。剣道のおけいこに行く時間ですって言われてせかされていたんだね。かわいそうだったね」と心の中でつぶやいた。

おばあちゃんは、仁のお母さんの母である。ひとり娘のお母さんも、子どものころ、仁が行動を管理されているのと同じように育てられたという。

さらにお母さんは、言う。

「早く仁を寝かせないといけないと言われ、私にはちっとも自由はないのです。寝るまで、そばにいてあげないといけないし、母が見ているので、寝かせないといけないし……。私、思ったことを言えないのです。

ずっとそうしてきました。おばあちゃんに子どもたちのめんどうを見てもらっているので、なおさら言えません」

大人になったお母さんは、親離れしていなかったのだろうか。主体的に生き生きしているときは、いつなのだろう。仁の寝顔を見て、かわいいと思っているのだろうか。

おばあちゃん、娘の家におせっかいしないで、もっとゆっくり孫の成長を喜んだり、笑ったりした方が、おしゃれはすてきに輝くし、本当のハイカラおばあちゃんになれるのになあ。

結衣のおばあちゃんの平凡な生き様から

結衣のお母さんは、キャリアウーマン。子育てに手がまわらないところは、お金で解決するような方だ。結衣は、学童クラブに通うかたわら、生活のすべてを英語でトークするイングリッシュ・キッズにも通っている。車でお迎えがきて、学童クラブからイングリッシュのキッズクラブに出かけていく。二重保育である。イングリッシュのキッズクラブは、遅い時間まであずかってくれる。きっとお母さんは、遅くまであずかってくれておまけに英語でしゃべれるようになる、という利点を考えたのだろう。

ある日、結衣のおばあちゃんがお迎えにきてくださって、いっぱいおしゃべりをしていかれた。

「先生、結衣の母親は、私の実の娘ですが、いまどきの親は、いったい何考えてるんでしょうね。あんな、英語の学童なんかに入れて、お金はかかるし。学童なのか、塾なのかわかりませんよ。小さいうちから、やれピアノのおけいこだの、やれ英語のおけいこだの、親のエゴでしかないですよ」

「私たちが育ったように、子どもは、元気に遊んで育つんですよね」

「私は、思っていても言わないですよ。波風立てないようにしていますよ。先生も、私と同じぐらいの世代でしょ。同じ考えですよね」とおしゃべりしていかれた。

おしゃれもそっけもない結衣のおばあちゃんである。でも、結衣はおばあちゃんが、お迎えにきてくださると、うれしそうにおばあちゃんにとびついていく。

結衣は、おばあちゃんから無償の愛をもらっているのだろう。おばあちゃんの家では、ごはんのときは「いただきます」のあいさつをして、先に味噌汁に箸をつけるんだよとおばあちゃんから言われているにちがいない。糠漬けのきゅうりや茄子が盛られているのだろうなと想像する。そんな食卓のあるおばあちゃんの家だろう。生活の土台をつくって、孫をかわいがってくれる結衣のおばあちゃんだ。

学童クラブの子どもたちは、さまざまな生活台がある。祖父母に時どきあずかってもらっている子。両親と子どもだけの家庭の子。一人親の中でがんばって生活している子。社会を学ぶための、もっとも身近で小さいスタイルの家族という社会。親の姿勢や祖父母の生き方からの影響は、まるごと、子どもの生活に響き、からだに触れて、子どもの生活台をつくっているのだ。

子どもたちが豊かな生活台を築けるよう、学童クラブからの夏の風を送りたい。

4　夜カフェ　不登校の和希くん

ベランダに栽培したゴーヤの葉が、夕方の水やりのおかげで、元気を復活してさわさわと風に揺れている。夏休みには、収穫したナスときゅうりとゴーヤの塩もみをお弁当のおかずにちょっと添えてあげた。「うえー、何だこりゃ」「えっ、はじめて食べたあ」「うめえ！」「おいしい！」と漬物の一品に感動の声をあげた子どものことを思い出していた。

学童クラブに登校する和希くん

二学期になり、三年生の和希くんの不登校が始まった。教室に行かないで、学童クラブに登校。とにかく、その日はなだめて教室に送って行った。しかしその後、和希くんは、本当に教室には行けなくなってしまった。学童クラブだったら行くということで、お母さんが、学童クラブであずかってもらえないかと頼みに来られた。校長先生と相談し、学校での対応を考えていただくことになった。

学童クラブには、夕方の時間帯になると、子どもの担任の先生方が顔を出してくれる。ちょっとすてきな「夜カフェ」といった空間になる。

和希くんの担任は、たびたびやってくる。どっと疲れきった顔をしている。

「話聞いてくださいよ。俺、校長に怒られてしまって。やってられないすよ。俺の指導が悪いって言うんですよ」「和希の勉強を、教育相談室でやるんですよ。一人だけを教える時間が長いっすよ。他の子に課題を出して。カウンセラーがあいているときは、見てくれますが。俺このやり方が決していいとは思っていないっすよ」「校長は、子どもの登校時間に昇降口に立って見てるんですよ。和希は、校長先生がいると、裏から回って学童クラブに行ってしまうんですよ」

「まあまあ、つもる話もあるよね。先生、おやつでも食べよう！　いい解決案は出ないかもしれないけれど、学童クラブの様子もお伝えしていきますね」

私たちは、いっしょに悩み、冗談を言っていっしょに笑い、ちょっぴり明日のエネルギーをつくった。

私が手を動かしているときに

ある日のこと。子どもたちは、おやつになる前の時間帯は自由に遊んでいる。寝転がってくつろぐ子もいれば、すぐ宿題をやっている子もいる。和希くんは、私の周りをうろうろしていた。

「和希くん、何かいやなことあるの？　悩んでいることでもあるの？」と聞いてみた。すると、和希くんは、しゃべりだした。私がボードに貼られた帰りの時間の変更カードを取り替えながら、手を動かしているときだった。

「俺、父ちゃんのことが心配なんだ」

「病気だったよね。具合がもっと悪くなったの？　心配だね」

「うん、いつも俺が帰ると寝ている。仕事に行っていない」

「仕事に行っていないで、寝ていることが心配なんだね」

「うん。まだある。タバコを吸っている。酒を飲んで暴れている」

「そうなんだ。病気のお父さんが、タバコを吸ったり、酒を飲んだりしていたら心配だね。心配な気持ちよくわかるよ。お父さんはどんなときに暴れるの？」

「テレビ見ていると、テレビを投げて壊してしまった」

「そうなんだ。いやだったよね。和希くんが心配だと思っていることよくわかったよ。父ちゃんにも母ちゃんにも和希くんが心配していることをわかってもらうように話をするからね」

和希くんは、実に小さなからだで、でっかい心配を背負っている。子どもは大きな心配事は、真正面から見ることはできない。布団の隙間からしか見ることはできない。こんなときいつも、以前の学校でいっしょに働いた、用務員のよねちゃんの話を思い出す。東京大空襲があった一九四五年三月一〇日。よねちゃんは三歳。焼夷弾が馬小屋の馬のお尻に落ち、馬は大きな涙を流して暴れた。よねちゃんは恐ろしくて、布団の隙間からその様《さま》を見ていたと教えてくれた。

子どもは、いやなことは、布団の隙間から「いやだよ」というしっかりした気持ちを持って見ている。子どもの不安をきちんと受け止めてあげる大人が必要なのだと強く思う。

和希くんは、私から離れ、ポケモン人形で戦いごっこをしている友だちのところに行き、ちょっかいを出していつものように悪さをしていた。

翌日、夜カフェに顔を見せたのは、和希くんのお母さん。お母さんは、涙をためて話してくれた。「この子が生まれてまだ日が浅いときに、父親が酔っ払って踏み潰しそうで、私が抱いて逃げ回っていた。離婚しようと考えたこともあった。私が大切な人と思っていないから、子どもも不安に思っているのですね……」と話された。

その後、学童クラブから学校に一報（午後は、子どもが通常帰ってくる時間より少し早くても、学童クラブに受け入れられる。それは市役所が了解をしてくれている）を入れたことがきっかけで、毎週金曜日の午前中に、学校の校長室で、校長先生、教頭先生と面談をすることになった。和希くんの学童クラブでの一週間のようすと、学校でのようすを交流しあった。学校側は、和希くんが学校は休んでも学童クラブには登所していることを知り、校長先生は「放課後、校庭でサッカーをやっている姿を見ると、とても教室に入れないなんて思えないな」とつぶやいていた。和希くんのいろいろな姿を見て、思いをめぐらし悩んでくれたらしい。そのことがうれしかった。

リストカットの痕がある千紗さん

ある日、夜カフェでおしゃべりしたのは、指導員の千紗さん。千紗さんは三〇歳。独身だが、お付き合いをしている男性と同居している。

千紗さんが、不安を抱えている方だなと思ったのは、夏休みの校庭での水鉄砲遊びのときのこと。つまらなそうな顔をして、日陰から子どもの動きを見ていた。水鉄砲に水を入れたりする場面でも、積極的に子どもとかかわっている姿はなかった。教室に入るときも、水浸しの子どもの着替えや泥んこの足を見てあげている動きもなかった。教室でも棒のように突っ立ている。腕は、上腕から手首まで傷跡が見える。きっとリストカットの痕だと直感した。通勤途中に過呼吸を起こし、駅から電話連絡を受けたこともあった。

千紗さんは、淡々とおしゃべりした。

「私は、両親のことが好きではないんです。父はとても横暴な人でした。母はそんな父のことをよく思っていないのに、兄と私がいやな思いをしていることを平然と見ていたのです。兄はうつ病になりました。私は、リストカットをしていました。

大学で学んで少し母のことを許す気持ちになってきました。やっと家をでることができて、いま生活を一緒にしている人は、広い気持ちで私を受け入れてくれています。少しずつ回復してきています」

千紗さんは、暗く生きてきた人生を語ってくれた。まだまだ回復していない面がいっぱいある。

「ここは、子どもの現場なんだけれど、子どものこと好きだと思う?」

おしゃべりしながら、千紗さんには、心の病に向き合い治療に専念してもらうことが先決だと考えた。健康を取り戻し元気な気持ちで子どもの現場に復帰してほしい。

5　お年よりと子どもの出会い

新年のごあいさつ

新しい年おめでとう！　一〇日は、鏡開き。おやつにぜんざいを用意した（北海道のあずきを使用したもの）。お正月のおもちをぜんざいにして食べる行事について話をして、あつあつでいただいた。今年も元気で過ごそうね。学童クラブの新年会。今年度もあと三ヵ月を残すだけとなった。子どもたちの成長をどうとらえるか。指導員のミーティングで話を深めている。

一一日（土）、一二日（日）は、子ども・若者フォーラム二〇一四〝困難を絆に子育ての社会を考える〟（ワーカーズコープ・子どもを守る会主催）が早稲田大学で開催された。指導員みんなで参加して深い学びを得てきた。キーワードは、各現場が子どもの居場所として、『あるがままを認めているか・あてにされているか・あこがれの存在になっているか』と、実行委員長の増山均氏は発言していた。

その発言から私たちは、学童クラブの実践に重ねて考え、帰り道にお茶をして、興奮してしゃべり合った。子どもに向き合うとき、援助や教育をする発想で、押し付けの目線で子どもを見るのではなく、子どもが自ら主体的に内から意見表明できているかを確かめていくことなのだ。そんな視点で子どもの確かな成長につながる実践をしていきたい。一日一日を大事にして、飛躍した姿で進級させたいと、指導員一同団結した気持ちである（こんな要旨で、お便りを発行した。二〇一四年一月）。

子どもから元気を、お年よりから幸せを

一月は、「多世代交流」に取り組んだ。地域の老人会のみなさんにおいでいただき、むかしの遊びを教えていただいて子どもたちは楽しんだ。地域の中に、子ども、父母、祖父母がいて、世代があり、つながって生きている。みんながいて安心して過ごして生きていることを、共有できたかなと思う。

おじいちゃんは、自分の孫のような子どもに、むかし遊んだ、メンコやこま回しをやってみせて、息をきらして得意げな顔をしている。むかし覚えたコツは忘れていない。子どもの手を持って教えてくれている。子どもたちは、早くやってみたくて、自分の番がまわってこないか、せかせかしている。

おばあちゃんは、むかしの幼かったころの姿を思い出しているのか、懐かしい眼をして、お手玉をやってみせている。きっと色の白いかわいい子であったろう。豊かな人生を歩んだ証が深くしわに刻まれている。薄化粧したお顔は子どもの前で美しく生き生き輝いている。私の世代より、少し上のおばあちゃんだろう。「いちれつらんぱんはれつして、日露戦争戦いに……」と数え歌を歌いながら、お手玉を三つ操っている。たいしたものだ。

おじいちゃんとおばあちゃんは、子どもたちから元気をもらって、子どもたちは、おじいちゃんやおばあちゃんの、あったかい言葉や、ゆったりしたしぐさから愛をもらって、お互いに幸せのホルモンを分け合っているような光景であった。

祖父母と同居の花梨ちゃん

三年生の花梨ちゃんは、いつもいっぱいおしゃべりしてくれる。「うちのパパは、お婿さんなの。ママのことすごく好きになって、でも、ママはお嫁にいけないから、パパがお婿さんになったの。おじいちゃん、このごろ、物忘れがでてきておうちでは、みんなで注意しているんだ。学童クラブにお迎えに来てもらうのも、いつも忘れないようにって、来てもらってるの。

せんせい、お化粧品、何使っている？　うちのママは、ディオールだよ。

あした、パパの弟のおうちのみんなが来るの。お料理を用意するのが大変なんだって。花梨はうれしいな。だって、いとこたちがきて、遊べるから。

せんせい。いけ爺さん先生って、うちのおじいちゃんのにおいがするんだよ。やさしくて花梨のおじいちゃんに似ている。だから大好きなんだ。……」

花梨ちゃんは、いつもたわいのない話をしてくれている。でもそのおしゃべりは、花梨ちゃんの生活まるごとの話で、おうちが温かく、おじいちゃん、おばあちゃんが、お仕事に行っているお父さんお母さんを助けておうちを守って、孫たちの世話をしているのである。お迎えに来てくれるおじいちゃんは、本当に腰が低く、いつも「お世話さまでした」と何度もお辞儀をしてくださる。そのおじいちゃんが、もの忘れがでてきて、家族は、困ったものだと話題になり、でも、花梨ちゃんのおうちでは、みんなして乗り越えていけるだろうなとふっと思う。

子どもにも言い分はある

花梨ちゃんをめぐって一大事件がおこった。花梨ちゃんが、非常勤の指導員に向かって、「くさい！　あっちに行って！」と言ったのである。非常勤の長谷さんは、怒り、連絡帳に、「どんな育て方をしているのでしょう。大人に向かって非常識なことを言っています」と書いてしまったのだ。翌日、お母さんから連絡帳を通して、「大変申し訳ありませんでした。ゆうべ、家族会議をしました。……」と連絡があって、はじめて事態がわかったのである。

指導員側の一方的な感情的とらえ方のまちがいと、連絡帳の否定的な書き方についての誤りをお母さんにお会いして謝罪をし、花梨ちゃんの学童クラブで見せている姿を、私の見方を伝えて安心していただいた。一方的に連絡帳に書いてしまったことも、指導員で共有していないまま、ことが運んでしまった落度についても謝った。私たち指導員側が、親の育て方を否定する学童クラブであってはならないことを緊急に課題として提起した。

いつも穏やかでかわいい花梨ちゃんが、しつこく注意をする指導員の長谷さんに、「くさい！　あっちに行って！」と言ったのだ。くさいからというのは、差別をしたのではなく、髪が脂のにおいがするということだと、後で花梨ちゃんから聞いた。

子どもにも言い分はある。言ったからには理由があるはずである。

先の増山氏発言の「あるがままを認めているか。あてにされているか。あこがれの存在になっているか」その視点のどれをとっても、私たちは、指導員として適切な対応はできていなかったのだ。

この経験を受け止め、また明日あこがれの存在の指導員をめざしてがんばろう。

6　人生初の施設「長」

私は長と名のつく「施設長」

人生はじまって初の「長」と名のつく役職につくなんて、名誉なのか、何なのか、私に似合う役職ではないことは確かである。

学校現場にいたときは、校長と対等に意見を交わす仲だった。ある学校での親睦会と銘打っての飲み会では、一升瓶を真ん中に立てて、酒を一気飲み。校長に「お前は、いいやつなのか、悪いやつなのか」と言われ、「いいやつに決まっております」と言葉を返し、「お前はうわばみだな」と、私に勝利を授与したのだった。

その校長は、子どもたちに「校長ちゃん、校ちゃん」と呼ばれ、自ら「校長、コウチョウ、絶好調！」と言い、笑っていたっけ。子どもたちとふざける余裕を持ち合わせていた。

別の学校では、私が異動するとき、校長先生が、私の働き振りを歌に詠んでくれた。

「子どもへのまなざし優し養護教諭　置きみやげみごと健康白書」

「長」と名のつく仕事は多大な責任がある。学校経営、教師一人ひとりへの目配り、指導助言、教育委員会との関係作り……校長先生は、「長」と名のつく役職でがんばっておられたのだと、遅ればせながら、労《ねぎら》う気持ちがわいてくる。

私を、舞台に立たせ、演技をさせてくれるプロデューサーがいれば、私は、すばらしい発想をし、創造的な学童クラブの運営の展開ができただろうと思う。

しかし、今度は自分が、一人何役もこなす施設長となったのだ。子どもを見る目を確かにもちながら、指導員の立ち居振る舞いにも目を配らないといけない。

ミーティングでは、前日からの引継ぎをおこない、子どもの出欠、指導員の体制、連絡帳を把握し、おやつ担当を確認。一週間の予定（週報を発行）を指導員に把握してもらい、毎月保護者向けお便り発行。一ヵ月に一度の職員会議と研修。市役所との連絡。提出書類。会計簿の整理。学校との連絡。W（依託事業所）へ報告（週ごとの報告）など、一人で事務処理をこなす。

やりながら、仕事を整理していかないと、子どもに向き合う仕事から離れてしまう。学校に置き換えたら、事務の先生のような仕事をしてくれる人材が必要だ。私は、会計事務所で仕事をしている友人にきてもらい、会計帳簿の整理の仕方を教えてもらい、毎月会計監査をしてもらった。

おやつの面では、やはり専門的な役職が必要だと、いつも思っていた。ちょうど栄養士の友人がいて非常勤で入ってもらった。アレルギーの子への対応、手作りおやつのアドバイス、お弁当注文のときの保管の仕方などを教えてもらい、私の片腕となり、いっしょに働いてもらった。人生経験を豊かに年を重ねた方は、保護者からの信頼もあり、お迎えのときの対応も上手にやっていただいた。

年を重ねて身に付く経験も大事。子どもと遊ぶときは、若いエネルギーも大事。そういう点では、学生アルバイトさんに助けられた。若い人の学ぶ力はすごいなといつも感心していた。運動場をすごいスピードで走る。直径二メートルの円を走り幅跳びのように、空中を飛んでしまう。子どもたちは、大きくなったら、あんなふうに走ってみたい、跳んでみたいとあこがれていた。施設長の私が跳んだら、「あっ豚さんがお空を飛んでる〜」になってしまう。

学生さんには、記録を書くことを徹底してやってもらった。子どもをどんな視点で観たか。子どもの動き、やり取りの事実を書くことを。学生さんは、レポートのように書いてくれた。

障害をもっている子への対応も学んでもらった。「難聴の陸くんが、このごろ発音がおかしいですね。あまりしゃべらないです。遊びに積極的でなくなっています。何かあったのでしょうか?」と気づいてくれる目を持ち合わせていた。学生さんの記録を読むと、子どもの育ちと、学生さんの学ぶ意欲がびんびん伝わってくる。

施設長は、学童クラブの全体の育ちの高まりを見られる位置にある。これもいいものだと思い、身をすり減らしながらも、喜びを膨らませていた。そんな矢先、東日本大震災が起こった。

東日本大震災の経験

三月一一日。そろそろ子どもたちが帰ってくる時間なので、おやつの準備にとりかかった。二時四六分、目が回ったような錯覚を覚えた。いや、揺れている。地震だ。壁によりかかった。そのうち学校の放送が聞こえた。いつもは、学校からは直接入れないように鍵がしまっている廊下からの出口の扉が、開く音がした。

学校の廊下に入った。子どもたちは、廊下の真ん中に座って並んでいた。天井から蛍光灯が落ちてくるかもしれないので、真ん中に座ることで危険を避けていた。廊下の中央で校長先生が先生方を集めて指示をだしていた。

私は、そばに行って一緒に聞いた。「親への引渡しは、低学年からやってください。必ず確かめて親御さんにあずけてください」「お迎えに来ない児童は、必ず把握して担任がついていてください」

そのうち、避難所となっていた学校には、地域の方がどんどん集まってきた。

運動場は、液状化現象が起こり、地面から水が大量に噴出し沈んだかと思うと、また噴出する。プールの水は、ガバーン、ガバーンと揺れといっしょにあふれ出てくる。校庭はあっという間に泥んこ状態になってしまった。

学童クラブの子どもが、避難待機している図工室、理科室を見てまわり、子どもに「大丈夫？」と声かけして歩いた。

ちょうどインフルエンザが流行しているときで、学級閉鎖をしていた学年があり、休んでいた子どもたちも、避難所になっている学校に集まってきた。養護教諭は、ひとつ部屋を設けてその子どもたちを集めていた。

私は、子どもたちの安全を確かめ、一旦学童クラブの部屋へ戻った。

そのうち出勤予定の指導員が、泥で汚れて出勤した。もう一人の指導員は、電車で途中まできたが、降ろされて、家に引き返したと電話がきた。

上司である事業所の所長に一報を入れようと電話をしたが、繋がらない。同じ事業所経営の学童クラブとは電話が繋がり、安全の確認ができた。

その学童クラブは、海の近くに立地しているので、私が所属する学童クラブより、近辺は大変な状況になっている。学童クラブのそばにある、マンホールが二メートルも盛り上がってしまったのだ。

明るいうちに携帯の充電器を用意しておこうと思い、駅前のスーパーに行ってみた。しかし閉店している。駅前は、やはり液状化現象がおこり、タクシーが傾いて泥にはまってしまっている。私たちは、帰宅難民となり、体育館に避難してきた子どもを見回った。

学校は、ライフラインが回復するまで休校となり、学童クラブも閉鎖となった。学校が始まり、学童クラブが再開してから子どもたちがどう過ごしたかは、次の機会に綴りたい。

4章　遊びをつくり、芸術を楽しむ

1　同じ釜の飯を食う夏休み

いつでも子どもといっしょ

ぎらぎらと光る太陽とひまわりと子どもたちは、とっても似合っている。こんなすてきな風景があるのだから夏休みは楽しい。

普段から学童クラブに通っている子どもたちは、夏休み中、学童クラブで過ごす時間が圧倒的に多くなる。指導員にとっても大変な重労働である。長い四〇日間、朝から夜までめいっぱい働く覚悟が必要である。親にとっても大変なこと。普段にない学童クラブの生活にあわせた準備をして出勤しなければならない。お弁当をつくって、勉強の用意、着替えの準備を確かめてあげなければならない。

子ども、指導員、親の三者がその大変さを切り抜けて、夏休み楽しかったあと言い合えるか。私たち指導員は知恵を寄せ集める。

野性的な生活体験を

子どもには、夏こそ水遊び、泥んこ遊び、木登りなどの動的な遊びの体験をさせてやりたい。同時に、からだを休めて静的な生活もさせてやりたい。そうすれば、当然リズムのある生活が生まれるはずである。

仕掛け人は私たち指導員である。指導員それぞれが、自分が子ども時代から今まで、いかに遊び心を持って生活を楽しんできたかがわかる瞬間でもある。私たち指導員も楽しまなくては損だわといった調子で毎日を過ごした。ガキ大将になって、子どもたちを仕切ったりもした。リーダーの男性指導員は、お化け屋敷と水鉄砲大会に燃えた。

午前中の学習タイムが終わると、校庭に出て水鉄砲大会がはじまる。額に金魚すくいのポイをつけ、そのポイをめがけて水鉄砲でうつのである。二チームに分かれて、戦いごっこがはじまる。

私が子どものころ、棒を腰にさしてちゃんばらごっこをしたときのように、子どもも指導員も本気に戦って燃えて遊ぶ。ひとつ前の世代は、戦争ごっこだっただろう。ごっこ遊びは、社会的背景があるのだ。きっと。子どもは、いつだって遊びをつくりだし楽しむのである。大人になった私たちも、いや、おばあちゃんの私も、子どもと遊び、楽しみをつくりだしたいと思う。

学校が休みの校庭は、学童クラブが我が物顔で使わせていただいた。足をかけるいい具合の枝がある木に登っている子が何人もいる。木登りなんてやったことがなくて、コツがわからないでいる子に、「こうやるんだよ」と声をかけている子もいる。木登りは、その後は学校の決まりに準じて、禁止になってしまうのだが、このときまでは登らせることができてラッキーだったと思う（こんなことを、指導者が言ってはいけないかもしれないけれど）。

実は、私、昔、〝隠れ女番長〟だった。養護教諭になってからも、駅で悪ガキたちと待ち合わせ、チャリンコを用意してもらい、チャリンコ愚連隊のように、高校の文化祭に乗り込んで行ったこともある。

難聴の一年生の陸くん

陸くんは、難聴の障害があり補聴器をつけている。補聴器に水がかかってはいけないので、水鉄砲遊びではいつも見学組みになってしまう。

陸くんこそ、こういう遊びを体験させてあげたい。生活体験が少ないし、あばれたい欲求をからだいっぱいに持っている。

陸くんが水鉄砲をやりたいと思っていること。指導員もやらせてあげたいと思っていること。それらをお母さんと話し合い、補聴器をはずして、水鉄砲を持って戦いに参加することができた。陸くんのからだの動きはすばしこく、汗をいっぱいかいて挑戦した。

陸くんは、語彙《ごい》も少ない。夏休みの宿題に、ことば集めがあった。「そ」のつくことばを書くプリントをがんばっていた。しかし、ことばが浮かんでこないのである。友だちが、「そらまめ」と言うと、食べたことがあるという。ことばと食べたときの経験との一致ができた。でも、もう一人の友だちが「ソファー」というと、陸くんはわからないという。

家にソファーがなかったらわからない。学童クラブにもない。絵本をぺらぺらめくってもソファーの絵がない。指導員で、絵ことば図鑑のようなものがあるといいねと話し合い、言葉の教室の先生にお借りして活用させていただいた。

陸くんは、ままごとが大好きで、おうちごっこのペット役をよくやっていた。遊びの中で語彙もいっぱい増え、気に入らないと友だちとけんかもするようになった。

そんな陸くんが二年生になり、新一年生に自己紹介をしたときのことだ。難聴の病気があることを、みんなの前で話したのだ。

「ぼくは、耳がよく聞こえません。だから補聴器をつけています。ぼくの補聴器をたたいたり、水をかけたりしないでください。耳のそばで大きな声を出さないでください。壊れるととてもこまります。それから、みんなが何と言っているかわからないことがあります。口を大きく開けて話してください」と言えたのだった。

指導員はみんなで「やったね」と笑って顔を見合わせた。一年生のときの水鉄砲大会で水だらけになって大遊びをしてから、陸くんは飛躍的に成長した。

お化け大会

指導員の一番の腕のみせどころは、夏の遊びの風物、お化け大会。「強がりの子どもも泣いてしまう」

ほど、まったく光のない真っ暗なお化け屋敷を用意する。子どもはひとりでは入れない。入ったとたんに不気味な音楽が流れている。演出満点（お化け役は演技力八〇点）。「キャー」といって逃げる空間はない。逃げれば、そこでもお化けに出会ってしまうのである。お化け大会の翌日、指導員は燃え尽きて抜け殻のように静かに過ごす。お化け屋敷は、準備も大変なので、夏休み最後の取り組みとなる。

ちなみにお化け大会は年々演出に凝るようになっていった。冬のお化け大会では保護者も一緒に参加して、家族で楽しむイベントになっていった。

映画館に行って映画を観ることもあり。地域の公民館祭りにお金を一〇〇円ずつ持って参加することもあり。お弁当を持ってバスに乗り児童館におでかけの日もあり。

毎日毎日子どもといっしょの日を送ったのである。

発達障害のある二年生の智樹くん

智樹くんは、ふだんの学童クラブでは、漫画本読みや、紙でつくったゲーム遊びに夢中になっている。一人遊びが大好きな面がある。

智樹くんのような子は何人もいる。みんなで遊ぶことも体験してほしいと指導員のミーティングで話題になる。おやつの後は外遊びを取り入れているが、智樹くんは、いつも部屋で遊ぶ。

そこで週の何日かは、全員が外に出る日と決めて、外で遊ぶことを展開してきた。四年生が仕切って、リレー大会、ドッジボール大会と集団で楽しむ遊びをやってきた。そういう積み重ねもあり、夏休みには、智樹くんも外での遊びを楽しんでいた。

そんな智樹くんが、二学期の教室で、夏休みの体験発表をした。学童クラブで過ごしたこと、いろいろなイベントやおでかけをしたことなどを話して、学童クラブの夏休みを自慢した。みんなうらやましがっていたよと教えてくれたのだった。

自慢できる学童クラブの夏休みであったことを聞いて、私もこのあたりでひと休み。

2　本ものの芸術を子どもたちに

一二月を迎えると、マルシャーク（ロシア）原作、湯浅芳子訳の「森は生きている」の演劇の世界を思い出す。みなしごの女の子は、まま母の命令で女王様に持っていくまつゆき草を摘みに、雪の深い森へ行く。凍え死にそうになっているとき、一二月の神様の焚き火にあたためてもらう。

この演劇を娘が幼いとき、そして孫といっしょに何度観たことだろう。焚き火を囲んで「燃えろもえろあざやかに……」と歌声が耳に残っている。夢の世界のようで、みんなしてしあわせな気持ちになって観ることができた思い出が蘇《よみがえ》り、いつか学童クラブの子どもたちにも観せてあげたいと思っている。その前に胸にあたためていたことを、子どもたちにプレゼントできる日がやってきた。

学童クラブのメインステージのような、一段と高くなっている場所は、絨毯《じゅうたん》が敷いてあって、通称「ゴロゴロスペース」という。そのゴロゴロスペースの壁に、一本の大木が立体的に掲示してある。春の桜が満開の掲示から、緑の美しい葉っぱの木に変わり、太陽さんさんの眩しい景色に変化し、そして赤、黄色、橙《だいだい》、茶色の葉に移ろい、一二月の木は、ふわふわの真白い雪化粧をした木になった。木の下では、子どもたちがかわいい表情で手をつないでいる。

幼稚園や、学校のように、学習しましたよという掲示ではない。一年を通して、木も変化して、その時どきの美しさをあらわし、子どもたちの生活があって、一人ひとりの気持ちがいっぱいあったよと表現しているようだ。

このステージを使って、子どもたちに、本ものの芸術をプレゼントしたいとあたためていた。

芸名人の子どもたち

最高に楽しいクリスマス会をやろうと、子どもたちと、指導員といっしょに企画をした。クリスマス会は三部構成で展開。

▼第一部　クリスマスお楽しみ会

プログラム

①はじめのことば　②こま回しをしてみよう　③ポケモンいえるかな　④アニメクイズ　⑤ヨーヨー　⑥手品　⑦げき　⑧ダンス　⑨ハンドベル　⑩パネルシアター（ゲスト貴夫くんのおばあちゃん、1章2に登場）　⑪おたのしみビンゴ

こま回しは、一年生のこま回し名人が出場。普段の遊びで上手になった子どもたち。名人の中に、水鉄砲で夢中になった難聴の陸くん（4章1に登場）もいる。口をきりっと結んで、目を光らせて斜めからこまを投げてまわす。すごい技だ。語彙が増えて、技も高度になってスピード感のある発達だ。

陶芸教室で、不安の塊のようなものをつくった和希くん（1章3、3章4に登場）は、得意のポケモンの名前を言って、みんなをびっくりさせる。みんなができないことをやってのけて大きな口をあけて笑っ

ている。楽しい気持ちが塊の中に入ってよかった、よかった。

引っ込みじあんの一年生の理奈さんと三年生の晴菜さんは、習っているダンスをみんなの前で踊った。ポップスの曲にのりのりで、振り付けも二人で決めて力強い表現で、普段おとなしくても、こんなに強い主張ができることに、みんなの拍手は大きい。

一年生の女の子グループは、いつもまとまってハンドベルの練習をしていた。早く宿題をして、みんなで練習の時間を確保したり、音符の読めないところはかなをふり、いつもまちがってしまうところを何度も練習して、キラキラ星をすてきに演奏した。

一部の見せどころは、貴夫のおばあちゃんの、パネルシアターで「大きなかぶ」のお話。子どもたちをひきつける声色。しーんとなって子どもたちは聞く用意をしている。たいしたものだ。あのとき、四年生の亮太が暴れて走ってきたのを抱きかかえてくれたおばあちゃんだ。度量がすごい。

すてきな音のミルフィーユ

▼第二部　クリスマス音楽会
プログラム
①オープニング　エレクトーン演奏　三年生の絵里さん。いつもエレクトーンのお稽古の日はおじいちゃんがお迎えにきてくださる。おじいちゃんは満面の笑顔で聴いてくれる。
ピアノ演奏　三年生の俊夫くん「人形の夢とめざめ」。気持ちをこめて優しい演奏にみんなは〝すごい〟

と言って、大きな拍手がわく。

②ゲスト　ユニオンニューハーモニーオーケストラのみなさんの演奏。夏休みに千葉県文化会館で子ども向けの文化の催しものがあり、申し込んで子どもたちと参加した（人形劇　ものづくり　親子劇場　オーケストラと演奏などのブースがあり、それぞれ希望のブースに参加し楽しんだ）。そのときにお世話になったニューハーモニーオーケストラのユニオン（組合）の方が六人編成で楽器をかかえてやってきてくれたのだ。楽器の紹介と、どんな音かなと楽しくトークもまじえて、子どもたちの知っている曲やクリスマスにちなんだ曲の演奏をしていただいた。夏休みの体験のつながりと、すぐそばで、楽器を見て演奏を聴くことができて、子どもたちは満足のようす。これも夏休みのつながりがあって実現した。

③ソプラノのうた（声楽家　赤沢啓子さんのうた。この方は、私の娘の恩師で親しくしている方でお願いできた）。クリスマスの歌と、藤田敏雄作詞・前田憲男作曲「約束」、プッチーニ作曲　歌劇「トゥーランドット」より「誰も寝てはならぬ」の大曲を聴いた。約束の物語風のうたに、一年生の清美さんは、涙をぼろぼろ流して聴いた。

多くの子どもたちは、美しいソプラノの響きにびっくりした顔で、口をあけて聴いていた。

「その日、ぼくが石蹴りしてると　パパが家から　出て来て云った／『坊や　急いで帰って来るんだ　ママがお前に　会いたいそうだよ』／ぼくはパパに小声で尋ねた／『そいじゃ。ママはもう死んじゃうの』／するとパパは静かに云った／『そうだ　坊や　ママは死ぬんだ』／『だけど　坊や　泣くんじゃないぞ　みんな誰でもいつかは死ぬんだ／坊や　判るな　お前は男だ　歯をくいしばり耐えて行くんだ／どんな時

でも　弱音をはくな　男らしくやるんだ　頼むぞ　いいか　坊や　約束してくれ』　ぼくはパパに約束した／ぼくが走って帰ると　ママは白い顔して　ベッドに寝てたが　ぼくに　やさしく笑ってみせた　『坊や　元気で　大きくなるのよ』／ぼくも　ママに笑ってみせた　だけどぼくは見たんだ　その時　ママの瞳に浮かんだ涙を　ママは　ママは　泣いているんだ／そうさ　ママは考えてるんだ　ぼくのことを心配してんだ／自分が死ぬということよりも　ぼくのことだけ考えてるんだ／ぼくは思わず神に祈った　『どうかママを助けておくれよ　ママが死んだら　ぼくも死んじゃう　どうかママを殺さないでよ／どうか神さま　お願い神さま　どんなことでも　ぼくはするから／夜　寝る前に　歯をみがくから　ごはんの前に手も洗うから』／だけど　ママは　その夜おそく　そっと淋しく　この世を去った／ずっと　ぼくの手を握りしめ　涙　浮かべて　この世を去った／無理サ　無理だよパパ／泣くなって云ったって／だめサ　そんなの　そんなの絶対ダメだよ／だって…だって…／ママが死んだんだ…／ぼくは泣いた　やっぱり泣いた！／だけどぼくは　ぼくは男さ　そのあくる年　あの戦争で／パパが死んだと　聞いた時は／ぼくはその時　涙を堪《こら》えた／ぼくは　その時　約束守った……」

その約束の歌をよく聴いて涙がぼろぼろ流れたのだ。難聴の陸くんのおばあちゃんも、よかったあと言ってくれて、涙を流していた。

よかった、よかった。子どもたちも、おじいちゃん、おばあちゃんも、指導員もほんものの芸術に出合って喜んでくれて豊かな気持ちになってくれて、私の心からのクリスマスの日の贈り物だ。

しあわせのティータイム

▼第三部　ティータイム

テーブルに真紅のテーブルクロスとグリーンのテーブルランナー（紙製）をかけて、ちょっとすてきなパーティの雰囲気を演出した。子どもたちには、ケーキとジュースを用意して。しかもケーキはみんなしてまあるくなって見て、幸せを感じられるようにホールで注文したのだ。これは、指導員の願いをこめて。テーブルにいったんケーキをかざってデモンストレーションの演出をして、それからカットして子どもたちめいめいに。おじいちゃんおばあちゃんとゲストのみなさんには、ケーキとちょっと高級なフランスの紅茶ＭＡＲＩＡＧＥ　ＦＲＥＲＥＳのマルコポーロで。甘い香りに癒されて「みなさまお疲れさま！」。

きょうの、接待スタッフは、指導員。そして舞台監督・演出は、湯婆婆《ユバーバ》でした。

3　3・11のトラウマ

最寄りの駅から学童クラブへの道は、まるで白い霞の中を歩いているようであった。東日本大震災のときの液状化現象の乾いた流砂の粉塵が巻き上がって、太陽の光を濁らせている。そんな中を歩いて学童クラブへ通った。

学童クラブは、ライフラインが止まっていたので、閉鎖されていた。子どもたちは、長い休校の間をどう過ごしたであろうか。親の実家に預けられたり、子ども同士で過ごしたりしていたようだ。駅前の交差点の桜（染井吉野）は見事に咲いた。汚い粉塵を避けたように、咲き誇った。あの未曾有のできごとがあっても、それでも美しく咲いた。桜が愛《いと》おしく木の下に行って眺《なが》めた。宮城、福島の子どもたちが元気を取り戻すことができるように願いをこめて、桜に手を合わせた。

四月も半ばに入ったころ学校は開校された。運動場は使えない。公園には行かれない。外遊びは全くできなかった。昨年は、公園の桜の下でお弁当を広げ、花びらがお弁当箱に一品を添えてくれて、優雅な時間をすごしたことを思い出す。

子どもたちは、外遊びができないとなると、部屋の中で遊びを作っていく頼もしさを持っていた。風船をいっぱい膨らませて、何個もつかって、風船バレーが始まったのだ。

遊びに参加できないでいる四年生の幸希（1章3、3章2に登場）くんがいた。幸希くんは地震の日の出来事が忘れられず、怖い思いがずっと残っていて、学校に登校できないでいた。大阪のおばあちゃんの家にずっとお世話になっていた。四月が終わる頃にやっと登校ができた。しかし、学童クラブでは「地震がこわいよ」とよく言い、遊びも積極的でない。余震が何度もあるので、そのたびに、テレビニュースを見た。幸希くんばかりでなく、子どもたちは、「テレビを消して！」と大声で叫んだ。子どもは、3・11の日のテレビニュースの画面が忘れられないのだ。黒い波が凄まじく押し寄せて家々が呑まれていく様《さま》は忘れる事ができない。

地震ごっこ、津波ごっこ

子どもたちは、シルバニアのお人形の家をがたがた揺らして、家が倒れて、お人形が家から飛び出して、家も家具もお人形もばたばたと落下していく様を何度もくりかえして遊んでいた。子どもたちは、地震ごっこと呼んでいた。くりかえし、くりかえし地震ごっこは続いた。遊びは、攻撃的のようでもないし、その様をくりかえしやることで、「そうなんだ。大丈夫だよ。大丈夫だよ」と事実を確かめながら安心を求め、呪文を唱えていたのだろうか。私たち指導員は静かに見守っていた。

地震ごっこの最後は、津波ごっこ。半年経った頃、壁に、ブロックやポケモン人形などのおもちゃを勢いをつけて、一斉に投げつけた。ばらばらに散らかったおもちゃをかたづけて、地震ごっこ、津波ごっこは終わった。波の強さ怖さを表したのかなあ、表したかったのかなあと子どもの気持ちを探った。

宮城・福島の子どもたちは、今ごろどう遊んでいるのだろう。どう過ごしているのだろう。学童クラブでは、子どもたちといっしょに時どき話題にした。自分たちも辛くていやだと思っていたが、宮城・福島の子どもたちはもっと大変だろうなと気持ちを寄せる言葉を言っていた。

お迎えにきてくださった、二年生の亜紀ちゃんの母方のおじいちゃんは、地震の被害の様子を語ってくれた。「ひどかったですね。我が家は、液状化現象で、土が盛り上がり、土を二トントラックいっぱい運び出しましたよ」と。

二年生の美海ちゃんのおばあちゃんは、気仙沼から美海ちゃんの家に来ていた。お迎えのときにおばあちゃんは、地震のことはあまり語らなかった。でも美海ちゃんは、「おばあちゃんがいるとうれしい。だってお弁当をつくってくれるから。ママよりずっと上手。煮ものも入っているし。きれいだし。でもおばあちゃん、足をけがしているから心配。ママが言っていたけれど、治してから気仙沼に帰るんだって」と話してくれた。孫の家で気持ちが癒されてくれるといいなあと願った。

ここは、何をしてもいいところなんだよ

新一年生が一〇人入所してきた。今年の一年生は、すぐ学童クラブの生活に慣れて楽しんで遊んでいる。

ある日、みどりちゃんが、学童クラブの子どもではない子を連れてきた。「ランドセルを置くところは、ここだよ」とロッカーに入れさせている。

「ここはね。何してもいいところなんだよ。自由なんだよ。わたしもみんなも、学童クラブだいすきなん

だ」と説明している。そのうち、「先生！　この子ね、新しい子なの。学童クラブに入るって」と紹介してくれた。

「ああそうなのね。よろしく。学童クラブ気に入ってくれているようですね。きょうは、少し遊んでいっていいよ。でもね。ママが入れてくださいって申し込んでくれないと入れないの。だから、よくママと相談してきてね」と話した。

全く子どもの世界はおもしろい。何してもいいところとは、よく言ってくれたと、後で指導員みんなで大笑いした。新一年生が、自由があるところだと言ってくれたことは、子どもにとって過ごしやすい場所。子どもの居場所になっているということだ。みんなで作り上げてきた学童クラブが子どものものになってきた。心からうれしいと思う。今夜は、桜の花びらを浮かばせたワインでも飲みたいと思う。何よりも一年生が安心できる場所で、新しい友だちを、いや、お客さまをご案内してくるぐらいの場所となったのだ。

遊んであげますよ

三年生が中心になり、部屋の隅で、ホテルごっこがはじまった。〝遊んであげますよ〟がテーマだ。一年生に、招待券が配られている。「ウノで遊ぶ」「トランプで遊ぶ」「手遊びで遊ぶ」「おしゃべりをして遊ぶ」「うたをうたう」など楽しそうなチケットが配られていた。

一年生は、ホテルの入り口で、チケットを持って並んでいる。

「はい！　いらっしゃいませ。こちらにどうぞ」「先にご飯にしますか？　お茶にしますか？　それとも遊びますか？」「遊びは、何をえらびますか？」などと案内している。

学童クラブの伝統的なままごと遊びが展開されている。この伝統的とも思うままごと遊びで一年生の仲間入りが完成した。

一年が経って二年が経過して、子どもたちは、人間的交流を通して遊びこめる力、周囲を（一年生を）巻き込む力を育てている。そんな三年生の姿を確かめることができた。指導員として幸せだと思う一瞬を持つことができる。

子どもが遊びの主人公として、子どもたち自身がつくりだしてきた、そのものである。子どもは、楽しさを求め一人よりも二人、そしてもっと大勢で遊ぶともっと楽しいということを体験してつくりだしている。子どもの内なるものから「遊びたい」という意欲を噴出している。

こんな子どもの育ちを大事にしていきたいと深く思う。

4　いのちのつながり

木々の緑が濃く輝き、花のにおいは生命の躍動を思う。自然界の植物も生物も、命のつながりを維持し継続して、豊かに発展させていこうと蠢《うごめ》いている。五月の下旬から六月は、いつもぼんやりと大きな夢を見ているように「生きている」ことを思う。

六月の雨雲が流れていった夕方のこと。学校の観察池（貯水池のように、水深は二メートルぐらいあり、水面は網が張ってある）の鯉にえさをあげたいと、四年生を中心にした男の子たちが主張した。学校の敷地内にある学童クラブといえど、学校のものを使わせていただく、ましてや、えさをあげることは、生き物の生態にかかわることなので、許可を願いに伺った。校長先生は、「学校の子どもですから。生き物に興味をもってくれてうれしいことです。落ちないように、どうぞやらせてあげてください」と言ってくださったのだ。管轄は違うが、同じ目線で子どもを見てくださっていてうれしく思う。

ミミズだっていのちがある

四年生の孝夫をガキ大将に、男の子集団は、シャベルをもって、ミミズ探しに駆け巡っていた。雨上がりなので、ミミズは、結構捕獲できた。校門から昇降口に続くコンクリート敷き地にミミズを広げて、シャベルで料理するように刻み込んでいる光景があった。

砂場で遊んでいた、三年生の明子ちゃんが、大事件がおこったように、私を見つけて、息を切らせて走ってきた。私は、全体が見渡せる位置に立っていたのだ。

「せんせい！　大変です。孝夫くんたちが、ミミズをシャベルで刻んでいます」

「孝夫くんたちは、観察池の鯉にえさをあげるって言っていましたよ。ミミズは、そのためのえさなんじゃない」と、私が言ってみると、すかさず、「せんせい！　ミミズだって、いのちがあるんです。刻んで殺したら、かわいそうでしょう」「はやく、やめろ！　とおこってください！」と大声で叫んで、孝夫たちのところへ、走りよって行った。「何で殺すの！　ミミズだっていのちがあるのに。かわいそうじゃん。やめて！」と言って、大泣きをしていた。

孝夫たちは、明子の剣幕と泣き声にびっくりして、ミミズを刻む手を止め、躊躇《ちゅうちょ》したようであった。

子どもの気持ちは、さまざまに動いている。えさをあげたいから始まって、ミミズをさがして、えさをあげる段取りを組むまでのことができた。孝夫たち集団は、わくわくした気持ちで走り回っていた。しかし、一方の明子は、ミミズだって生きている。いのちがあるのに、殺してしまったらかわいそうと思い、全く別の角度から主張したのだった。

明子ちゃんは、ふだんは、きつい言い方をする子であった。こうあらねばならないという正当的な見方をする面をもっている。間違いは許せないといった考えが、きつい言い方になってしまう。そんな明子ちゃんが、ミミズだっていのちがあるんだと、説得しようとした。かわいそうな思いが胸いっぱいになって大泣きになったのだった。

明子ちゃんの気持ちはよくわかるよ。優しい気持ちをもっていてくれて、すごくうれしい！　と私は言った。しかし、明子ちゃんには、届くはずはない。そんな文言は、明子ちゃんに響くはずはなかった。

「早くやめなさい！」と言ってほしかったのだから。明子ちゃんは、「せんせいのバカ！」と言って、教室へ走っていってしまったのだった。

いのちのつながりを教える

もし、学校の養護教諭をしていたころであったら、「いのちのつながり」の授業を展開する中で、子どもに考えさせる場面を設定することができた。生物、植物、動物、人間は、次の世代を残していくためにいのちのつながりをつくっている。人間に入る前におもしろい話も展開できた。低学年であっても、花は咲き終わったら、しぼんで実になっていく。栄養をたっぷり得た実は、また土の中で、来年花を咲かせる準備をはじめる。なんて不思議なすてきな道すじであろうか。カマキリは、交尾が終わると、メスはオスのカマキリを食べてしまう。残酷な運びであっても事実を認識できる。

からだを教える。いのちのつながりを科学的に教える実践は、楽しかった。子どもといっしょに学んだことが、頭の中を駆け巡る。

しかし、学童クラブの生活の場面は、系統的なからだの授業ではない。的確な短いことばをかけてあげればいいのだ。どう、言ってあげればよかったのだろう。明子ちゃんの気持ちを埋めてあげられなかったことが、ずっしり重たい気持ちで滅入った。

でもきっとこれから先の生活の続きの中で、続きのやり取りの中で、収まらなかった気持ちが暖かく埋まっていくのだと思う。こう考えることで、私は切り替えることにした。

一方、孝夫たちは、明子ちゃんの剣幕に圧倒されて、一瞬戸惑っていた。明子ちゃんが、走り去ってから、観察池の鯉が口をぱくぱくして水の上に姿をあらわした瞬間をめざして、刻んだミミズをあげていた。

「えーすげえな」と孝夫たちは、歓声をあげていた。

幸希くんのつぶやき

めずらしく大風が吹いていた。運動場は、砂ぼこりが舞い上がっていた。学校の目の前のマンションのベランダに干してある洗濯物も飛ばされてしまうかのようにゆれていた。

アスペルガーの症状のある、幸希くんと手をつないでいっしょに外に出た。

風に吹かれて幸希くんが、つぶやいた。

せんせい
風がびゅうびゅうと
いたずらしているよ
せんたくものをいじめているね

せんせい
風がびゅうびゅうと
ぼくをいじめているよ
ぼくをふきとばそうとしているね

なんて、すてきな言葉でつぶやくのだろう。かわいいなと思った。ふだんは、キレたり、知っていることをしゃべりまくったり、うんざりするような場面をいっぱいつくる子であるが、なんて感性の豊かな面を持っている子なんだろう。私たちの実践は、こういうつぶやきを引き出してあげればいいのだと思う。早くメモしておかなければ忘れてしまうと思い、エプロンのポケットのメモ帳にペンを走らせた。

子どもの主張や子どもの気持ち、子どものつぶやきに深く考えたり、感動したり、紫陽花《アジサイ》の花の色の移ろいのように、きょうの生活の色を大事にしていきたいと思う。

5　学童クラブのコルチャック先生をめざして

五月のみどりの風はさわやかだ。空高く泳ぐこいのぼりは、田舎の景色でしか見かけない。こいのぼりのように、風の中で元気に泳いでみたくなったり、海辺を走りたくなったり……。からだの中からエネルギーがわいてくる季節だ。

元気が出てくる五月の色に、ポーランドのトレブリンカ強制収容所に続くトロッコの線路「死への道」終点のモスグリーンの墓場と林を思い出す。そこにヤヌシュ・コルチャック注の記念の銅像がある。コルチャックは、一方の手で幼子を抱っこして、もう片方の手では、子どもの手をつないでいる。

二〇〇八年八月、子どもを守る会の方がたと、「ヤヌシュ・コルチャック生誕一三〇年の旅」と称してコルチャックのゆかりの地を訪れた。私は、コルチャックに関しての本を読んだり、ポーランドを訪れたときから、「保健室のコルチャック先生になろう」と、保健室で子どもと向き合い、子どもをかわいいと思い理解しようと養護教諭のしごとの最後の三年間を過ごした。

そして、学童クラブでも、学童クラブのコルチャック先生になろうと思うのである。

久しぶりに心が震える講演に出会った。二〇一七年一二月三日、日本虐待防止学会・二三回学術ちば大会二日目。幕張国際会議場に於いて、アーウイン・エルマン氏（弁護士・カナダ・オンタリオ州）の講演を聴いた。

冒頭にこう主張した。「ヤヌシュ・コルチャックは言っている。子どもは未来の存在ではなく、今を生きている存在である。彼らの存在は、真剣に受け止められるべきである。子どもたちは、大人から思いやりと敬意をもって、等しき存在として扱われる権利を有する」「障害があれ、健康であれ、小さい子であれ、大きい子であれすべての子どもの声を聴かなければならない。子どもたちは、自らの生活に影響を及ぼす制度や、政策、法律そしてプログラムの決定過程の中心にいて、この過程に参加する権利がある」と。ヤヌシュ・コルチャック先生にお会いできたと思った。あなたは、コルチャック先生ですね。となつかしくあの広場の光景が浮かんできた。

すべての子どもの声を聴くとは、そんな大それたことが、私にできることなのだろうか。

そんな存在になってみたいと思った、学童クラブのおばあちゃんの存在と、コルチャックの言うすべての子どもの声を聴く人とは、そんなに大きくかけ離れた存在ではないのではないかと考え直した。そうなんだ。「おかえり」と言っているおばあちゃんでいいのだ。すべての子どもの声を聴くことが、私たち大人のやるべきことだ。

静かだったら、学校と同じじゃん

「せんせい、静かだったら、学校と同じじゃん」と、三年生になったさくらちゃんは、言った。

五月晴れの気持ちがいい日だった。学童クラブでは、五月の誕生会が行われた。子どもたちは、出し物にペープサートをやると、前から計画を立てていた。お話作り、人形づくり、練習と、何日もつかって本番の日を迎えた。

そんなに子どもたちが張り切っているなら、もっと大掛かりなことをお手伝いできると、ちょっかいを出したくなってしまうのも、私の性分なのである。

それなら、本格的な舞台をつくってやろうじゃないかと、テーブルを立てて、暗幕をテーブルにかけ下げて、結構見栄えのいい舞台をつくりあげた。子どもたちは、発表することで、わいわいがやがやと興奮し、舞台を見ただけで「おお！　すごい！」と始まる前から、熱気むんむんだった。

いざ開会すると、発表する子どもたちも、あがってしまい、観ている子どもたちも、興奮が高まり、舞台に向けておもちゃを投げてしまったり。いったいどうしたものか、しばらく静観していた。

たとえば、地域のおやこ劇場の低学年例会では、小さい子どもも、「立たない、食べない、さわがない」という約束を守って演劇を観ることができるのに。この子どもたちが興奮状態で騒ぐ次元をどうとらえるか課題である。子どもたちは、「文化」を食べて育ってきているのだろうか。創造的な遊びを主体的に遊びこんで育ってきたのだろうか。見たり聞いたり、みんなで作り上げることを、学校でも、家庭でも楽しんで育ってきていただろうか。

文化的イベントを子どものものにしていくために、はじめの一歩から考えたいと冷静に思う。

後片付けをしながら、さくらちゃんに、声をかけてみた。「きょうの五月のお誕生会楽しかった？」「うん！　すごく楽しかった。じょうずにできたよね」と返事が返ってきた。

子どもは、全くちがう次元のとらえ方をしている。この感覚はなんなんだ。

更に言ってみた。「でも、観ているほうは、ちょっとうるさかったよね」と。

また思ってもみない返事が返ってきた。「静かだったら、学校と同じじゃん」。

子どもたちに、頭を一発殴られたようであった。

学校の教室で、静かに授業を受ける。楽しく勉強をする。学校には学校社会のルールがある。自由に発言したり、意見を主張したりする子ども社会があり、集団で高まっていくところであるはず。

さくらが、「学校と同じじゃん」というからには、学校社会に不満があるのではないか。生きにくい場所であるのではないかと考える。それでは、学童クラブでは、発表のときに観ている子どもたちが騒いでもいいという場所であるのか、さくらの言葉から、子どもの側からの大きな課題を突きつけられた。

太郎くんのお父さんは、厳格な人

一年生の太郎君は学童クラブが大好きのようだ。結構やんちゃな面をもっている。友だちへのちょっかい、いたずらが大好き。三・四年生には、かわいがられ、後をついて歩いている。その太郎君が、教室の壁に油性マジックで「うざい・しね」と書いてしまったのだ。私たちが手伝って消したが、まだうっすら見えていた。

ある日お父さんがお迎えに見えたときに、一年生の治夫くんが、教えてしまったのだ。お父さんは、その場で太郎くんを怒り、お父さんもいっしょに消してくれた。「こんな悪いことをしていて、明日から当分学童クラブに来てはいけない！」と雷を落としたのだった。夕飯の食材の長ネギや大根をバッグにのぞかせ、頭に手ぬぐいスタイルのかっこいいお父さんだ。あの雷の声にはしびれてしまった。

子どもたちの親のタイプはさまざまだ。私はどんなことをしでかしても、子どもの声を聴く大人でありたい。

注　ヤヌシュ・コルチャック

ポーランドの小児科医・児童文学作家で教育者・ユダヤ系ポーランド人。ユダヤ人孤児院の院長。そこでは、壁新聞、子ども集会、仲間裁判など教育の面でも注目すべき試みが行われた。子どもの権利という概念の偉大な先駆者。

一九三九年ドイツのポーランド侵攻により、ヨーロッパで第二次世界大戦が勃発し、ユダヤ人に対する迫害が過激化。大規模な民族虐殺に向かう。ワルシャワゲットーの一掃が行われ、八月六日に、孤児院の子どもたちは、トレブリンカ強制収容所に移送され殺害された。およそ二〇〇人の子どもたちは、集荷場までの道のりを、歌を歌い行進したという。コルチャックは子どもたちと共にガス室で殺害された（あるいは銃殺された）。

6　子どもの全面発達を意識して

春風がやさしく吹いて、桜の開花が待ち遠しい。私は、都内の企業が経営する放課後等児童デイを一年間勤務して、その後、千葉市内の社会福祉法人の経営する児童デイの非常勤で勤務することにした。四月になると子どもたちは、一学年進級する。六年生は学区の中学校へ進学する子もいるが、特別支援学校中学部に進学する子も多い。

学びたい・育ちたい　子どもの心の底を理解したい

隆くんは、いま中学一年生。自閉症スペクトラム。昨年の隆くんは、学校から帰ってきて宿題の時間は、算数ドリルと国語ドリルをがんばっていた。

国語ドリルの漢字は、時どき忘れてしまって、書けないときがある。でも前のページをめくって、「どうだったっけ?」と調べてもう一度練習して書くことができる。調べて書く力がついてきていた。音と訓の読み方があることに気づく力も育っている。算数ドリルは、一〇までの概念ができていないので、一桁のたし算は暗算ではできない。

隆くんは算数のドリルもできてきていた。学童クラブでつくった、数字メモリ（五〇センチの長さのものさしの形で数値のメモリをつけてあるもの）をつかって、三桁プラス二桁の計算ができるようになった。答えを百の位から読めるようになった。ドリルの一ページはあっという間に終わらせることができる。「隆くんすごいね。できたね」というと、もっとやりたいと言う。「できてうれしいね」といっしょに喜んで笑って顔を見合わせる。色黒のアトピーの顔でにかっと笑う。その顔は思春期真只中の大人になってきている顔だ。

しかし、その隆くんは、県立特別支援学校の中学部に進学。中学生になった隆くんは、いつのまにか計算機を持ってきて、ドリルの計算をしていた。

去年できてきた力はどうしたのか。できる喜びはどこに消えてしまったのか。学校では、算数の教科として学んでいないのだ。できてきた力、学ぶ喜びは消えてしまっていた。

どこの学校を選ぶのか、どんな力を育てていくのか、学童クラブで見える育ちはいまこの時点にある。など保護者と十分な面談はできているのか。……非常勤勤務の私には全く見えないことであった。

勉強ができるようになって、もっとわかりたいと主体的に学ぶ意欲こそ成長の喜びであるはず。学童クラブで理解した子どもの姿を保護者と共有して、進路について学童クラブの意見として伝えることが、専門的な立場にある者のやるべきことではないだろうか。

遊びあえる・遊びこめる関係づくりを育てる

以前の都内の学童クラブと違い、定員一〇人。

一〇人の子どもが毎日いるので、子ども集団として育てたいと私は思っていた。しかし毎日同じ子どもが登所するわけではないので、きょうの子ども集団と明日の子ども集団の性質はちがう。

一年生のよしひろくんは、おしゃべりで人なつっこい子。よしひろくんは、高校生の葉子さんに興味を持っているようすである。

葉子さんの話し方をよく見ている。葉子さんは、さくらの花のように、きれいな色白でやさしいお姉さんに見える。しかし、話し方といったら、美しい容姿とはちがって、ぶっきらぼうなしゃべり方である。よしひろくんは、容姿としゃべり方のちぐはぐさに興味をもったのかもしれない。

よしひろくん、葉子お姉さんと遊びたいの？　と聞いてみた。「うん、ぼく葉子お姉さんとボーリングで遊びたい」と返事が返ってくる。思い切って言ってみたらと耳元で言ってあげると、「葉子さん、ボーリングでいっしょに遊ぼう」とニコニコしながら言ったのだ。一方の葉子さんは、ほほをピンクいろにして、「ああ、いいよ。遊ぼ」と言って、二人の遊びは成立。二時間ぐらい飽きもせずまったり遊びは続いていた。葉子さんは、腕や手先に力が入らない。腕を振り上げることができない。うまく球をころがすことができない。やっところころところがった球は、ピンに届かない。

脊柱側湾症で背中がまがっていて、からだをうまく動かすことができない葉子さんに対して、よしひろくんは、「がんばれ！」と声援を送って、ピンに当たるまで待ってあげている。ピンを葉子さんのからだの近くまで移動して当たるようにセッティングしなおすこともしている。

「あたったあ・すごい・全部たおれたあ」と私の声も入って、三人の集団遊びとして発展していた。楽しそうな空気の流れを感じて、眺めたり、声援したり、周りの立ち見の子どもたちを応援団と称したら、三人プラスの集団遊びに繋がっていった。

ＡＤＨＤの特徴を持っているよしひろくんが、葉子さんのからだの特徴をゆっくりわかって、できるまで声援を続け、球を投げられたとき、球がピンに当たったとき、最高に喜んでいた姿は、周囲の子どもや指導員を巻き込んで、応援の声が沸きあがったのである。お互いに認め合うことが、遊んで楽しかったと感情を高めあっていた。

こんな子どもたちには、指導員のちょっかいやしかけることが子ども同士の関係を築けるきっかけになる。指導員の動きは、演出家のしごとでもある。

マルトリートメント（不適切な養育）になっていないか

自閉症スペクトラムのいわゆるアスペルガー症候群の症状を持つ子が、同日に四人から五人集まる日がある。この子どもたちの傾向は、算数が得意。しかし、国語はきらいで、得意でない。作文を書いたりはもっとも不得意のようす。一年生のようすけくんが、絵を描いたのを見せてくれた。何をしているところの絵なんだろうと聞いてみると、水遊びをしているところだと教えてくれる。マルと線で人間を表し、小さい人間が三人描かれていた。おしゃべりで、算数の計算は抜群だし、しかし、絵や作文を見て、全面発達していないことが浮き彫りになって見えてくる。

この子どもたちは、おやつ後は一丸となって遊びはじめる。人生ゲームやポケモン人形ですもうのゲームをして遊ぶ。楽しみを創り出して遊びこんでいる風でもない。それぞれが大声を出している。ゲームの言葉を発して、生命保険が二万円。赤ちゃんが生まれた。借金三〇万円……だんだん興奮が高まってきて、ものすごいうるささ。他の半数の子どもたちは、うるさい中で過ごすはめになる。興奮を鎮めたり、抑えたりすることがもっとも苦手な子どもたちである。ややもしたら、かってに遊ぶことができるのでと、指導員のとらえかたのまちがいで、かかわることをしないままにしておく状況にもある。2章5で記述した「マルトリートメント（不適切な養育）」につながる。この子どもたちのうるささは、教室の中で大きな位置を占めている。他の子どもたちにとってもいい雰囲気ではない。共鳴しあって育ちあうことにつながっていない。問題や課題を提起して子どもの側に立った発言をしていくのも指導員のしごとである。

5章　子どもの暴言・暴力を「意見表明（権）」につなぐ

――子ども把握・子ども理解の基本視点をめぐって

増山　均（早稲田大学名誉教授）

本著は、学童保育実践を豊かにするうえで、まちがいなく大きな示唆を与えると思う。それは、今多くの学童保育で直面している子どもたちの暴言・暴力・乱暴をどう受け止め、どう理解し、どう実践していけばよいのかという問題解決にむけての基本視点が示されているからである。さらに、石田さんの実践には、決して「暴言・暴力」への対応というにとどまらない、学童保育実践の本質、子どもとかかわる指導員（放課後児童支援員）のあり方の基本そのものが示されている。

1　石田実践との出会い

私は、石田さんの「学童クラブの窓から」と題する連載が、『子どものしあわせ』誌で開始された時からの愛読者であった。その第1回目のレポートは本書にも収録されているが、衝撃的な内容であった。石田さんが初めて足を運んだ学童クラブでのエピソードから始まっている。おやつを落とした小3の男の子に「あら、落としてしまったね」と声をかけた直後、その子が発した一言。

「てめえらが掃除すんだろう！　拾えよ！」

石田さんも書いているように、小学校の教室ではありえない子どもの刺々しいことば遣いとの遭遇、この一言をどう受け止め、どう対処していったか、その後の実践的展開にこの本の価値のすべてが集約されている。

日々の実践の中に現れ、直面する一人ひとりの子どもたちの「すがた・ことば・しぐさ」をどう受け止め、どう理解し、どう対処していくのか。子どもとの〈接面〉、取り組みの中での〈場面〉、とりわけ重要な〈局面〉に、学童保育実践の質と価値が顔をのぞかせる。そこに実践者の「子ども観（人間観）」「子育て観（教育観）」さらには「人生観（生き方）」が見事に示されていると思うからである。

近年、学童保育指導員（放課後児童支援員）の資格が導入されて、その専門性と実践の質が問われるようになったものの、いまなお「誰にでもできる」としてその専門性を軽視する論調が幅を利かせ、学童保育の数を増やすために支援員の資格要件を引き下げてもよいとする政策決定がなされた。[注1]

学童保育実践において、そこで働く指導員・支援員の専門性について、学校の保健室で培った長年の経験、養護教諭としての実践と理論に裏打ちされた石田さんの取り組みとその記録から学ぶべきものは大きい。

まず最初に石田さんの実践の舞台である学童保育（学童クラブ）とは、そもそもどういうところか、どのような歴史を歩み、現状はどうなっているのか、最初にその全体像をスケッチするところから始めよう。

2 学童保育とは——その歴史と現状

①学童保育誕生の背景

子どもの放課後の居場所の一つとして、「学童保育」はいま誰にでも知られる存在になった。それらは「学童クラブ」「放課後児童クラブ」「学童保育室」「児童育成室」など、いろいろの呼び方がなされているが、戦後一九五〇年前後に、共働きの親たちが安心して働き続けるために、放課後の子どもの安全な居場所を求めて生み出した共同保育が「学童保育（学齢児童のための保育所）」の原点である。

一九六〇年代の高度経済成長期に全国的に拡大した女性労働と都市化のなかで、大都市部に出現した「カギっ子」（放課後親のいない留守家庭に鍵をあけて入り親の帰宅を待つ子ども）問題への不安から、学童保育への需要は一気に高まった。

しかし親たちの必要から生み出された新しい社会的需要（①共働き家庭の子育て支援、②放課後の子どもの居場所）にこたえる「学童保育」は、残念ながら教育・児童福祉関連法のどこにも法の規定がなかった。そのため公的な財政支援は等閑視《とうかんし》され、公的施設としての学童保育づくりは進まなかった。

実は、児童福祉法には法制定の当初から、放課後の子どもの遊びの場として第40条に「児童厚生施設

（児童遊園と児童館）」の規定があった。しかし当時は、地域開発とモータリゼーションが始まる前であるから、全国どこの地域にも路地裏が遊び場・たまり場となり、放課後の子どもの遊びと生活の場はたくさんあった。「ガキ大将集団（子どもの遊び仲間）」とともに、地域の子どもたちに目をかける大人のつながりが存在していたので、学童保育や児童館がなくても放課後の子どもの生活は保障されていたのである。

②子どもの居場所づくりは後回しにされてきた

放課後の子どもの生活環境が大きく変化し、子どもの発達上の問題が誰の目にも見え始めたのは、一九七〇年代からである。問題の大きな特徴は、次の諸点に現れた。第一に、産業構造の変化によって都市化が進み、伝統的な村落共同体のつながりが希薄化するとともに、子どもが安心して遊べる自然環境が失われていったこと。第二に、進学競争と親の教育熱の高まりを背景として、子どもの塾通いや習い事が拡大したこと。同時に学校教育が子育ての中心になり、放課後の子どもの遊び仲間の世界は軽視されていった。第三に、テレビの普及からはじまり、子どもたちを惹きつけてやまないゲーム機器、電子メディアの爆発的普及がある。遊びの室内化・個人化によって仲間関係に変化がはじまり、子ども世界の変容への心配が高まった。

こうした社会・文化環境の変化を背景として、「放課後の子どもの生活」の保障、安心と安全の居場所を求める親の関心は次第に高まり、特に働く親の強い要求の下で生み出された「学童保育」とともに児童館や遊び場、子ども集団づくりの取り組みが広がっていった。

しかし、地域開発においては、子どもの遊び場・居場所づくりよりも経済効果を生み出す土地活用や施設づくりの方に優先順位があり、子どもの環境整備は後回しにされてきた。働く親にとって切実な「学童保育」については、施設をささえる法律の根拠がなかったために、その発展はとどめられていたのである。

③学童保育の設置数は、今や小学校数より多い

学童保育の充実・発展を求める全国の親たちの連絡組織として「全国学童保育連絡協議会（全国連協）」がつくられたのは一九六七年のことである。その後、学童保育への公的支援と法制化を求める国民運動（一九七五年の五〇万人署名、一九八五年の一〇〇万人署名など）が高まり、一九九七年になってやっと児童福祉法が改正された。その中に初めて学童保育が「放課後児童健全育成事業」（第6条）として書き込まれたのである。

法制化によってその後学童保育の設置数は急速に増加し、全国連協の最初の調査時（一九六七年に五一五カ所）、児童福祉法に法制化時（一九九七年に九〇四八カ所）、二〇一八年五月現在では「カ所数」二万三三一五カ所、「支援の単位数」三万一二六五カ所（全国連協調査）となり、今や小学校の数（一万九八九二校）より多い時代になった。

法制化以降の急速な増加にもかかわらず、学童保育はその需要に追い付かず、いまなお学童保育に入れない待機児童が一万七二七九人いる（厚労省調べ、ただし正確な数は把握されていない）といわれている。政府は、女性就業率の上昇を踏まえ、二〇二三年末までに計三〇万人分の受け皿を整備するという方針を

出しているが、確かに学童保育の量的拡大の実現は急務である。

④学童保育の施設条件は今なお悪い

放課後の子どもへの施策としては、文部科学省による、学校の空き教室を利用し地域のボランティアの協力を得た「放課後子供教室」づくりも進められている。しかし「放課後子供教室」は、大人によって与えられた活動プログラムに参加する場所であり、「学童保育」の代替にはならない。

「学童保育」は国の基準で「おおむね四〇人以下」とされているが、「放課後子供教室」には、必ずしも上限がない。そのため「全児童対策」の名のもとに、「学童保育」に入れなかった子どもも含めて、一〇〇人を超える子どもを受け入れているところが存在している。狭い教室に多数の子どもを収容しているために、子ども同士のトラブルや、けがの心配もある。そこに通う子どもたちもすべてが毎日来る子どもだけではないし、大人の支援員も常勤ではないので、子どもの名前をおぼえることすらできにくい。とても子ども一人ひとりと丁寧にかかわれる状況にはなく、放課後の子どもの暮らしを保障する家庭の代替にはなれない。

学童保育の今日的課題が、量的拡大にあるのは確かだが、質的向上の課題も見逃せない。質の向上という点では、学童保育の指導員・支援員の専門性の向上と施設環境の改善にむけて、二〇一四年五月に厚生労働省令（「放課後児童健全育成事業の設備及び運営に関する基準」以下省令基準）が出されるとともに「放課後児童クラブ運営指針」（二〇一五年三月）が定められたことに注目しておきたい。

学童保育の大規模化の解消にむけて「おおむね四〇人以下」「児童一人につきおおむね一・六五平方メートル以上」とする省令基準にしたがい、分割（「支援の単位」化）が進んでいる。そこには「二人以上」の支援員を配置すること、そして専門職としての研修（一六科目二四時間）を経た有資格者としての「放課後児童支援員」を必ず一名配置することが義務づけられた。

しかし支援員の確保の困難を理由とする自治体の要望を受け入れて、政府の地方分権改革有識者会議では、「基準の引き下げ」（「守るべき基準」から「参酌すべき基準」への変更）の方向が選択され、基準緩和の改革法案が国会で可決されてしまった。学童保育の質的向上に向けての歩みが始まったばかりであるにもかかわらず、学童保育の充実に向けての進路は岐路に直面している。

⑤「支援員は誰でもできる」と思われているが、それは間違いである

学童保育の支援員を確保するために、放課後の子どもの生活と遊びへのかかわりは、特別に専門性がなくても意欲があれば誰にでもできることのように考えられているが、それはとんでもない誤解である。学童保育が対象とする子どもたちは、それぞれに発達段階の違う異年齢集団であり、学校教育のように同学年ではない難しさが伴う。また現在どの施設も抱えている施設空間の狭さと設備条件の不十分性（体調の悪い子どもがゆっくり静養するスペースがないなど）の中で、元気あふれる子どもたち、ストレスを抱えて下校してくる子どもたちに日々関わらねばならないのである。

さらに今、「児童福祉法」や「放課後児童クラブの運営指針」には「子どもの権利条約」の理念や精神

に沿った関わりをすることが明記されており、一人ひとりの子どもの声をよく聞き、活動への子どもの主体的な参加を実現し、子どもたちの発達を保障するための働きかけが必要となる。学童保育は、単なる放課後の居場所にとどまらず、子どもたちの健やかな成長・発達を保障する場となることが求められており、指導員・支援員の専門性の向上は不可欠である。

「学童保育」は、子どもの生活（暮らし）を保障する施設であり、用意された活動メニューを子どもが利用する場所ではなく、遊びの内容や活動を子ども自身が主体的・自治的につくり出す場所である。また、遊びや活動など「何かをする」だけでなく、おやつを食べたり、休息をしてゆっくりくつろいだり、「何もしなくてもよい時間」が保障された子どもの居場所なのだ。

家庭に代わる暮らしの場所であるから、当然そこには、子どもたちの生活状況や想い・願いを系統的につかみ、働く親と連携し、子どもの様子や子育てを理解し合い、日々子どもたちに寄り添える複数の専任支援員が配置されることが不可欠である。

兄弟姉妹も少なく、異年齢のかかわりが少なくなり、安心して外遊びや集団での遊びができにくくなった今日の子どもたちの状況を考えると、すべての子どもたちにとって、「学童保育」のように子ども主体の遊びと生活（暮らし）が保障される安心の居場所が必要な時代になっている。「学童保育」は、共働きの親の子育てにとって不可欠な施設であるにとどまらず、放課後も日本の子どもたちが健やかに成長発達するうえで、必要な新しい子育ての場となることが求められているのである。[注2]

指導員・支援員への期待は大きく課題は山積しているが、全国に九万人以上いる多くの指導員・支援員は不安定な雇用（正規職員が少なく、多くが非正規職員である）で、半数以上が年収一五〇万円未満であり（全国連協二〇一四年調査）、安心して働き続けられる労働環境になっていない。

石田さんの取り組みは、まさにこうした課題が山積している「学童クラブ」で繰り広げられた子どもたち、指導員・支援員そして親たちとの格闘の記録である。

3　子どもの見方・とらえ方（実践の基本視点）をめぐって

石田さんの実践記録が教えてくれることの中心は、《子どもの見方・とらえ方（子ども把握・子ども理解の視点）》にある。

思いもよらない子どもからの暴言（「てめえらが掃除すんだろう！　拾えよ！」）に直面した時、子どもの言葉や行為をどう受けとめるかで、その後の展開が大きく変わっていく。そこに実践の重要《局面》がある。

子どもの言葉だけをとりあげれば、大人の支援員・指導員に対しての言葉遣いとして、決して気持ち良いものではなく、市民生活上も許されない失礼極まりない物言いであろう。しかし、だからと言って、その場で注意すれば本人が自らの非を認め反省して、その後こうした物言いはしなくなるという保証はない。また、怒鳴りつけたり、叱責したり強く厳しい指導・対応をすれば「解決」するなどというような、単純なことではない。たとえその言動が「間違っている」「許せない」と思っても、子どもたちの「あるがまま」を受け止め、その実態から出発するしかない。問題は、どう受け止め、どのような見通しをもって、働きかけていくかということにある。

石田さんの実践のすごいところは、子どもたちが示す否定的な実態を、「子どもたちからの挑戦状」として受け止め直し、その中に実践的課題を見出す鋭い感性と視点にあると思う。「この教室の空気は動いている。生きている。むんむんする子どものにおいがある。保健室にはなかったものがある。」として、「そこに、いまの子どもたちから消えかかっている野性的な空気が渦巻いている」ことを感知した石田さんの感性の背景には、養護教諭としての長い実践の蓄積がある。

石田さんも書いているように、四〇年にわたる保健室での〈教室ではあらわさない子どもの姿〉との実践的格闘の蓄積が、学童クラブにおける子ども把握においても生かされている。学童クラブで子どもたちは〈学校ではあらわさない子どもの姿〉を示していた。この指摘はまさに学童クラブが、今日の子どもたちの実態のよりリアルな表出の場になっているということであり、別の言葉で言えば「子どもの素の姿」「子どもらしい姿」が表出されていると言えるかも知れない。

石田さんは全国養護教諭サークル協議会（全養サ）で学んだ「子どもの見方・とらえ方」の基本視点は次のようなものだったと書いている。

「子どもの側に立って。子どもの目線で。子どもの体の事実から。子どもの背景をわかって。子どもをまるごと知って、受容して。子どもの気持ちに寄り添って。子どもを中心に理解して。父母の生き方、子どもの家での生活を知って。子どもの生活やからだを変える取り組みを。一人ひとりに合った具体的な対応を。」

4　養護教諭の実践と研究の歩みに学ぶ

養護教諭の仕事を歴史的・理論的に研究してきた数見隆生さんの著書（『命を愛《お》しむ―養護教諭の仕事』本の泉社、二〇一八年七月）によれば、学校教育において、もっとも基礎となる子どもたちの心身のケアと、教科教育・生活指導をつないで子どもの発達を支援する養護教諭は、今では学校現場になくてならない専門職として認知されているけれども、戦前は「学校看護婦」として医療職から出発し、国民学校令のもとで「養護訓導」と名称変更がなされ教育職へと位置づけが変更されたといわれる。戦後は学校教育法において「養護を掌《つかさど》る」職種として明記されたものの、その仕事の専門性はあきらかにされず、校医の補助と教師の協力者という位置づけの枠を出られず、「戦後二〇年ぐらいは、多くの養護教諭はそうした上から指示された職務内容をこなしている状況」だったという。養護教諭の取り組みに変化が生まれたのは、高度経済成長期を経て、子どものからだと健康問題に大きな変容が現れたことにより、かつてのような仕事の仕方では子どもの実態がとらえきれなくなり、「一九六〇年代後半から七〇年代にかけて養護教諭たちは子どもの事実と向き合い、受容と傾聴を丁寧に行いながらケアをし、課題を乗り越える発達支援の仕事を行ってきた」のである。かつて校内暴力で学校が荒れていた時代、「学校の中でこうした子どもたちと共感感覚を発揮しているのは、保健室の養護教諭たちである」（村山士郎『子どもの攻撃性にひそむメッセージ』柏書房、一九九九年七月）として、子どもたちに寄り添い信頼できる一人の大人として対応していったのも養護教諭の貴重なとりくみであった。石田さんは、学校の保健室で課題と問題を抱えた子どもたちを受け止め、その実践を全国養護教諭サークル協議会（全養サ、一九七〇年発足）を通じて、仲間と共に集団的・研究的に深め合い、先に紹介した「子どもの見方・とらえ方」の基本視点を獲得していったのである。受容と傾聴を通じて、子どもに向けられた視点と姿勢は、まさに子どもの権利条約の〈「子どもの最善の利益」の保障〉という基本理念に合致するものだったと言えよう。

さらに石田さんは、「学童クラブ」で出会った子どもたちの暴言・暴力・乱暴な姿（発言・行為）のなかに秘められた〈声なき声〉を聴きとろうとしている。否定的な言動の中に「子どもの意見表明」を聴きとり、そこに「子どもの権利」の発露をキャッチしようとしている姿勢は、〈子どもの意見表明（権）〉についての理解を実践的に深める非常に重要な試みなのではないかと思う。

5 「意見表明権」理解の幅と深さ

子どもの〈意見表明〉というと、子どもたちが自らの思いや願い、不満や希望を「言葉」で述べる・主張することのように理解されがちだが、子どもたちの思いや願い、不満や希望は、必ずしも言語化されないことも多い。小学校の三・四年生くらいの一定の年齢に達したら、明確な意思に基づいて「言葉」によって表現・主張できるようになってもらいたいものだが、残念ながら明確に言語化されないことの方が多い。特に自己表現やコミュニケーション能力が育ちそびれている子どもたちの場合、言葉による表現は苦手であり、時に暴言や乱暴な発言・行為となりやすい。こうした問題を、子どもの権利条約の規定にそって、改めて考えてみたいと思う。

子どもの権利条約第12条の「意見表明権」の規定は、次のようになっている。「締約国は、自己の意見を形成する能力のある児童がその児童に影響を及ぼすすべての事項について自由に自己の意見を表明する権利を確保する。この場合において、児童の意見は、その児童の年齢及び成熟度に従って相応に考慮されるものとする。」(日本政府訳)

「意見表明」の内容を見ると「自己の意見を形成する能力のある児童」とあり、自分の考えをまとめて言語化できるかなり高いレベルでの見解・意見の表明を想定しているようにみえる。しかし子どもの権利条約の英語正文をみると、日本語訳で「自己の意見」と訳されている単語は「opinion」ではなく「own views」と「view」が使われていることに注目しておきたい。

view は、ラテン語の「みる」という意味からきており、opinion は同じく「考える」という意味からきた言葉である。つまり view の方がより幅広い自己認識をさしており、私の考えでは自己の「意見」と訳すよりも、自分の「見方・感じ方・とらえ方」と訳したほうが、より柔軟に子どもの思いや願いを受けとめることができるように思う。発達の未熟さから、自分の思いや願いや考えを、うまく言語化できない子どもたちも、それぞれのやり方で自分の「見方・感じ方・とらえ方」を表現・表出しているととらえるべきであり、稚拙な表現・表出であってもその中にあるその子の思いや願いを受けとめることが、意見表明権を保障していく際の第一歩である。その第一歩（view）から出発して、実践の積み重ねの中で言語によってしっかりと自らの思いを「意見（opinion）」として表明できるように育てていくことが重要なのである。

6 子どもの非言語的な意見表明を受け止める
――大人の側の想像力と忍耐力

国連子どもの権利委員会は、この条約を批准した各国政府とのやりとり（五年に一度の政府報告書の審査および勧告の発表）を通じて得た知見をもとに、二〇〇一年から条約の主要条文をどう解釈すべきかについて「ジェネラルコメント（一般的意見・概括的解説）」を発表してきたが、[注3] 二〇〇五年の「乳幼児期における子どもの権利」（ジェネラルコメント第7号）および二〇〇九年に出された第12号（「意見を聴かれる権利」）の中で、「たとえ生まれたばかりの子どもであっても、自己の見解を表明する資格をもつ」こと、「話し言葉および書き言葉を通じてコミュニケーションができるようになるずっと以前から、選択をし、さまざまな方法で、自分の感情、考えおよび希望をコミュニケートしている」ことに注目すべきだと指摘している。「自己の意見を聴いてもらう権利」は、障害のある子どもにも、マジョリティの言語を話せないマイノリティ、先住民、移民、難民にも及ぶとの指摘もあり、たとえ言語で自らを表現できない子どもであっても、「遊び、身振り、表情」などの非言語的コミュニケーションの形態が尊重されるべきであり、こうした子どもたちの「意見表明の権利」が尊重されるべきであるとの見解を述べている。

また「自己の意見を形成する力のある」の部分も、「すべての子どもが自己の意見をまとめる力があると推定し」「子どもの能力を可能なかぎり最大限に評価する締約国の義務」が問われているのだとの解釈を示した。また「その子どもに影響を与えるすべての事柄」の内容についても、『事柄』を幅広く定義し、条約で明示的に言及されていない問題も対象とすること」としている。「子どもの最善の利益」（条約第3条）の第一義的考慮という基本原則は、「それ自体でひとつの権利を定めているというのみにとどまらず、他のあらゆる権利の解釈及び実施についても考慮されるべきであること」が強調されていた。

ジェネラルコメント第7号には、さまざまな形での子どもの意見表明を受け止めるには、大人に対して「子どもの関心、子どもの理解力、および、好ましいコミュニケーションの方法を考慮しながら、忍耐し、かつ、想像力を働かせることを求める」ことが喚起されていたことも思い出す。子どもが様々な形で表現・表出している「意見表明」を受け止めるには、子どもを深く理解するための忍耐力と想像力が大人の側に求められているのである。

石田さんは、自分の実践を振り返って「暴言・暴力を意見表明（権）につなぐ」と表現したが、そこには石田さんが学童クラブの子どもたちとの実践的格闘を通じて、子どもの権利条約第12条の精神と内容をより深く広い視野でとらえ直していたことが窺える。

7　子どもをまるごととらえ、内面世界に近づくために

「子どもをとらえる」といっても、子どもの言動や行為の背景にある複雑な内面の思いや願いをとらえることは容易ではない。教師や指導者・支援者が、どんなに専門家であっても、大人であれ子どもであれ、別の人格と生活を持つ他者の内面を知る・とらえるということ、その真実をとらえることは、そもそも無理なことに違いない。〈子どもの心のカギは内側からしか開かない〉という指摘があるが、外側からどんなに強く・激しく他者の心をこじ開けようとしても、かえって逆効果になるだけである。それは子どもの成長・発達のメカニズムについても同じことで、子ども自身が「その気になる」（大田堯《たかし》）ことを抜きにしては、教育の営為は達成できない。

したがって私たちは、子どもの外面的な姿や言動・行為をまず「まるごと」とらえ、そのうえで子どもの内面世界に近づき、子ども自身が内側から鍵を開けるのを待つことが必要なのだと思う。子どもを「まるごととらえる」ために、私はかつて、「子どもを映す三つのカガミ」が不可欠であるということを指摘したことがある（『子育てはあたたかく　やわらかく　ゆったりと』柏書房、一九九九年一一月）。

子どもをまるごととらえ、子どもの言動の背景を理解するためには、「家庭のカガミ」「学校のカガミ」そして「地域のカガミ」が必要であり、それら「三つのカガミ」の角度を上手に調節し合い、三面鏡のように、奥行き深く子どもの姿を映しだしていくことが求められる。

少し長くなるが、先の本の記述の要点を引用しておこう。

まず第一のカガミは「家庭のカガミ」である。家庭で親の目に映った子どもの姿である。しかし親の目というカガミは、時々曇ることがある。特に夫婦の不和や子どものとらえ方がズレている場合などは、子ども理解は乱れてしまう。祖父母や親族と同居している大家族の場合などは、さらに子ども理解に齟齬《そご》が生じやすい。そこで父母の役割は、子どもと一緒に生活をしている家族の思いや願いを理解し合い、我が子を映す「家庭のカガミ」を磨き合っていくことにある。

しかし、どんなにそれを素晴らしいものに磨いても「家庭のカガミ」に映る子どもの姿だけでは、子どもをまるごととらえることはできない。一枚のカガミに映った顔は、その映っている角度しか見えないので、裏側を見るために、もう一枚の手鏡が必要なように、子どもの姿を多面的にとらえるためには、もう一枚のカガミが必要となる。

それは、保育所・幼稚園や学校の教師の目に映った子どもの姿である。「学校のカガミ」に映った子どもの顔は、多くの場合、家庭のカガミに映った子どもの顔とは違う。子どもには先生向けの顔、学校向けの顔があるからである。したがって「学校のカガミ」に映った子どもの姿、先生の目に映った子どもの顔を「家庭のカガミ」に上手に反射させて、一人の子どもが持っている多様な外面をとらえ合っていくことが大切なのである。

しかし、「学校のカガミ」も曇ることがある。教師それぞれによって子どもの見方・とらえ方が違うので、担任が変わると子どもの評価が変わるように、子ども把握・子ども理解は一人の教師のとらえ方では一面的になる恐れがある。

子どもの見方やとらえ方は、教師によって違うのは当然であるから、その違いを突き合わせ、よく話し合ってカガミに映ったズレを調整し、「学校のカガミ」を磨き合う教師集団の努力がなされないと子どもの姿を的確にとらえられなくなる。同時に父母との連携・協力によって、「家庭のカガミ」に映った子どもの姿と突き合わせて、子どもたちを多面的に理解していく努力が、教師集団に強く求められている。教師集団づくり、父母との連携・協力がなぜ必要か、それは子どもの姿のとらえ方・子ども理解が一面的・主観的に陥ることを避け、子どもを「まるごととらえる」ために不可欠だからである。この課題は学童保育においても同様であり、指導員・支援員が相互に子ども観を深めあっていける〈指導員・支援員集団づくり〉が欠かせない。

8　子どもの仲間集団・子ども社会への注目を

しかし「家庭のカガミ」「学校のカガミ」がどんなに上手に協力・連携しあっても、それだけで十分とはいえない。子どもたちの本当の姿、子どもらしい素の姿が表現されるのは、子ども同士の関係の中だからである。親もいない、教師もいない、子どもだけの生活の中で、我が子がどういう行動をとり、どういう人間関係をつくっているのか、その姿をとらえることが特に重要な視点である。子どもは、子どもの仲間集団・子ども社会の中で、もっともその子らしい姿が示されるが、子ども集団・子ども社会は大人には見えにくい。学校の中にも教師には見えにくい「裏社会」として子ども社会が存在しているが、子ども社会の最もリアルで活発な姿は、放課後の地域での仲間関係の中に現れる。だから子どもの生の姿、素の姿をとらえるためには「地域のカガミ」が必要であり、そこに目を向ける必要があるのである。

かつて地域には「ガキ大将集団」という「地域のカガミ」が存在していた。自然発生的な子ども集団が、日本中の路地裏や河原や神社の境内にその領分を広げ、遊びの世界を展開していた。地域の若者や大人たちの生活や生産の共同が濃密に息づいていた時代には、大人社会との緊張関係の中に子ども集団・子ども社会があり、子どもたちの姿を映す「地域のカガミ」は子育ての中に大きな位置を占めていたのである。

いま日本社会の変貌の中で、地域共同体の崩壊による住民の共同の衰弱の中で、子どもたちが自分のもっとも自分らしい姿を表出・表現し、それらをリアルに映し出す「地域のカガミ」が失われている。しかし「地域のカガミ」、子ども同士の関係に映った子どもの姿というものは、本来親や教師からは見えにくいものであり、家庭と学校において見せる顔とは違う子どもの顔をとらえることは難しい。子ども同士の関係を直接・間接に見聞している青年や地域の親たちとの関係が深くない限り、絶対に見えてこない。子ども同士の「いじめ」による深刻な事件が突然発生してしまうのは、「地域のカガミ」が失われ、そこに映る子どもの姿が日常的に見えなくなっているからである。

子どもの社会性の発達にとって、子どもの自立にとって、この「地域のカガミ」は不可欠のものであるが、その復活は容易ではない。大人の指導員・支援員の見守りがある「学童保育」「学童クラブ」は、その代替にはならないが、家庭や学校の人間関係とは相対的に自由な子どもの生活と人間関係が生み出される場所として、子どもたちの生の姿を映す「地域のカガミ」に近いものとなっていることに注目しておきたいのである。

9　指導員集団づくりと親・地域との連携
――子ども把握・子ども理解の深化のために

子どもを「まるごととらえる」ために石田さんは、〈子ども観を指導員で共有する〉ことにとりわけ心を砕いている。「子どもが出している信号、シグナルは、どういう意味なのか。子どもの攻撃性、暴力はどういうことを訴えているのか、子どもの障害は何なのかを子どもの発達の途上での現象ととらえ、深く子どもを理解する力量が問われている」と。

「子どもの見方を指導員で共有する中でこそ、自分のものにしていくことができる」と述べ、子どもを多面的に理解しその姿をまるごとつかんでいくために〈指導員集団づくり〉が不可欠であるととらえていることに注目したい。

さらに、石田さんは親との連携を大切にしている。「親の仕事の労をねぎらい、子育ての楽しみを共にしたい」「子どものことを伝えあい、親の悩みを一緒に考える関係をつくりたい」「子どものことを真ん中に大人としても豊かに成長できるようになっていきたい」としている点に、「家庭のカガミ」の位置づけと子どもの姿を多面的に映し出すための角度調整の知恵が示されていると思うのである。

「親たちの心配・悩み・悲しみは深くて切ない」と、親自身が抱えている生活の困難に共感を寄せることができる関係になって、初めて学童クラブでの子どもの暴言・暴力・乱暴の内側に潜んでいたものが見えてくるという。指導員集団の子ども観の共有に加えて、親たちとの間で子ども理解が進むことによって、学童クラブにおける子どもの日々の生活と仲間関係に安心感が広がり、子どもの姿勢に変化が生まれてきたという。

実践の事実にもとづいて子どもたちの姿を語り合うこと、子ども理解を深め合える指導員集団づくりにより、子ども観の突き合わせと練り上げができるようになること、そしてさらに子どもを真ん中において親たちとの共感・共同を紡ぎ合うこと、地域の人々の多様な力を借り子どもが育つ豊かな地域環境を耕していくこと、そうした一連の循環的な実践構造が、子どもの暴言・暴力を受け止め、それを意見表明（権）につないでいくことを可能とするのであろう。

石田さんの実践記録には「子どもに向き合うとき、援助や教育をする発想で、押し付けの目線で子どもを見るのではなく、子どもが自ら主体的に内から意見表明できているかを確かめていくことなのだ。そんな視点で子どもの確かな成長につながる実践をしていきたい」という実践の哲学が見事に貫かれていると思うのである。

10 「愛着関係」の形成困難と「発達上の障害」にさらされている日本の子どもたち

①親自身が抱える問題と「愛着関係」の形成困難

学童保育の子どもたちの暴力・乱暴については、その背景についてはまず何よりも指導員集団の努力によって、一人ひとりの子どもたちの生活と行動を多面的に把握することが求められるとともに、つねに教師、スクールカウンセラー（SC）、スクールソーシャルワーカー（SSW）などの専門職の意見にも耳を傾けておく必要があるだろう。

いま全国各地の学童保育の中で、困難な家庭環境に置かれている子どもの問題が話題になっている。何らかの家庭の事情や保護者自身が抱える精神的な問題によって、心の傷や葛藤を抱えて学童保育に通ってくる子どもたちが増えているという。そうした子どもたちは、家庭において安定した愛着関係を築いていくことが困難であり、自己肯定感も低く、指導員に対して際限なく「甘え」たり、それを受け入れてもらえない時や裏切られたときの攻撃的姿勢が激しく現れたりする。子どもたちの、暴言や暴力、乱暴の背景にある、親子関係や家庭の問題を丁寧に把握する努力が不可欠である。親によるDVなどの虐待的養育環境や、親自身が精神疾患を抱えていたり、被虐待体験を抱えていたりする場合など、親自身の感情の起伏が激しく、それが我が子への暴力や暴言につながり、それらが子ども自身の暴力・乱暴の原因になっている場合もある。親自身が外傷体験のフラッシュバックによるパニックや自傷行為などを抱え、子どもたちが親の感情状態に翻弄されるなど、親の精神的な不安定さが、子どもとの愛着関係を築いていけないことなどの深刻な問題を抱えていることも予想されるので、学校の教師やSC、SSWなどの専門職との協力協同は不可欠である。暴言・暴力・乱暴な子どもの発達の特性については、専門家の知見とつきあわせて指導員集団による実践的対応を考えていくことが求められている。

②子どもたちの乱暴と「警戒的緊張状態」という視点

長年、養護教諭らが中心になって、日本の子どものからだと心の問題・実態を研究してきた「子どものからだと心・連絡会議」によれば、学校で落ち着きのない子ども、「よい子」を演じなければならない子どもも、その一方で、学童保育で暴れる子どもたちも、睡眠・覚醒のリズムが乱される生活に組み込まれて過緊張状態ともいえる自律神経系の異常のもとに置かれており、被虐待児の身体症状に類するような状態にあることが指摘されている。こうしたデータは、健康の問題にとどまらず、日本のすべて子どもたちが生活全体を通じて置かれている実態を示す特徴的な事柄であると思われる。

日本の子どもたちがおかれている状態について、子どもの権利条約の履行に関する国連審査に向けて「市民・NGOの会」がまとめた報告書[注4]の中で、「いじめ・不登校・校内暴力・自殺」の四つの指標に於いて、競争主義的な公教育がもたらすプレッシャーがさらに増していることが示されている。さらに同報告書は、「過度な競争的環境の子どもへの影響は上記のような問題行動にのみ現れるわけではない」として、いま日本のすべての子どもたちが「警戒的緊張状態」にあることを示す新たなデータを示している。それは大脳新皮質の興奮と抑制におけるトラブルであり、「交感神経の過剰反応の傾向」によって外界からの刺激に対して常に緊張状態が強いられ「臨戦態勢状態」を生み出しているというのである。

学童保育の場での子どもたちの暴言・暴力・乱暴の背景として、こうした状況に視野を広げておく必要があると思われる。

11 国連勧告との関連で

学校から学童保育に帰ってきた子どもたちの「暴言・暴力・乱暴」については、石田さんの仲間の養護教諭・荒井育恵さんによって、すでにまとまった報告がなされている（『学童保育室で暴れる子どもたち――102通のアンケートから』本の泉社、二〇一六年六月）。そこでは、子どもたちが学校や家庭での生活のなかで、様々なストレスを抱え込んでいる姿が多くの指導員アンケートをもとにレポートされている。また全養サのメンバーは、機関誌『保健室』（第185号、特集子どもだって疲れている）をベースにして、子どもたちの心身の疲れと沈潜しているストレスを見つめて、そこから脱却する出口を『ぼちぼち行こうか――保健室の窓から』（本の泉社、二〇一七年八月）にまとめている。

日本の子どもたちが抱えている〈ストレス〉について、国連子どもの権利委員会は第1回日本政府報告書の審査において問題視し、その後出された最初の国連勧告の中で「本委員会は、貴締約国が教育を重要視し、その結果極めて高い識字率を誇っているにもかかわらず、本条約の原則および規定、特に第3条、第6条、第12条、第29条、第31条に照らし、きわめて競争的な教育制度が与えるストレスにさらされているため子どもが発達上の障害（disorder）にさらされていること、および、その結果、余暇、スポーツ活動および休息を欠如させていることを懸念する。本委員会はさらに、不登校のケースの多さを懸念する」と指摘していた。そして、それらの改善のために競争的な教育制度の見直しと「過度なストレスおよび不登校を防止しかつそれと闘うための適切な措置をとるべきこと」が提起されていた。しかし、残念ながらこの問題は解決されるどころか、その後も「全国一斉学力テストの導入」など、教育における競争主義は強まり、子どもにストレスを与える学校環境は改善されていない。

現在日本社会が抱えている子どもの問題については、国連子どもの権利委員会への市民・NGOの報告書および国連審査をふまえた日本政府への国連勧告[注5]に、集約的に表現されている。

国連への市民・NGO報告書には、二〇一〇年以降の立法・政策によって日本社会はいじめ・不登校・校内暴力・自殺や子どもの貧困など子どもの困難を示す数値が高く、そして、豊かな内面を育てる自由な空間と時間と人間関係を奪われ、「日本における子ども期の貧困化」が進行していると指摘されていた。国連からは「社会の競争的な性格により子どもの時代と発達が害されることなく」「子ども時代を享受することを確保するための措置をとること」の必要性が指摘されており、これらの問題の解決に向けての取り組みは急務である。

「教育制度」の競争的な性格にとどまらず、「社会の競争的な性格」そのものが子ども時代を貧困化させ、子どもの発達を阻害しているという指摘がなされている中で、本書にまとめられた石田さんの実践は、学童保育の場で子どものストレスと向き合い、子ども期の貧困化を食い止め、子どもの発達保障につなげる実践として重要な位置を占めていると思うのである。

（注）

注1　二〇一九年四月二五日、衆議院地方創生特別委員会で、学童保育の運営基準緩和などを盛り込んだ地方分権一括法案が、自民・公明などの賛成多数で可決され、五月三一日の参議院本会議で可決、成立した。

注2　本文二の項目は、「なぜ学童保育は〝遊んでいるだけ〟に見えるか」プレジデントオンライン二〇一九年三月一九日付に修正・加筆して収録した。

注3　ジェネラルコメントについては、国連子どもの権利委員会のサイト（https://www.refworld.org/publisher,CRC,GENERAL,,,,o.html）、平野裕二氏のＡＲＣ子どもの権利・国際情報サイト（https://www26.atwiki.jp/childrights/pages/32.html）に詳しい。

注4　『日本における「子ども期」の貧困化——新自由主義と新国家主義のもとで』子どもの権利条約市民・ＮＧＯの会編、二〇一八年三月。

注5　子どもの権利条約市民・ＮＧＯの会「通信」別冊『最終所見　翻訳と解説』子どもの権利条約市民・ＮＧＯの会編、二〇一九年三月。

おわりに――保健室で学び養護教諭として歩んできた私

是枝裕和監督のことば「これを撮ることをしなければ、前へ進めない」から勇気をもらって

二〇〇四年四月一日、私は千葉市立稲浜小学校に赴任しました。全校児童たった九三人の学校です。校庭で戯れる子どもたちを職員室の窓から眺める毎日。健康診断では「背は、からだの何が伸びるのかな？　目は、どんな働きをしているのかな？　目は出っ張った脳だよ」と話します。そして「ああ、この子の皮膚カサカサだな」と思います。でも気持ちはそこにありませんでした。子どもの名前をちゃんと呼んであげていたかも、定かではありません。私は、本当に子どもを守り育て、ケアできるのだろうかと、養護教諭としての自信を失っていたのです。

稲浜小学校への赴任は、不当人事でした。赴任して一段落した五月から六月にかけて、教育委員会の教育長と教育部長が私の〝働きぶり〟をチェックするために来校しました。私は、教育委員会の管理下にあったのです。校長も、私の保健室における仕事ぶりを厳重に管理し、子どもが保健室に入ると、必ず様子を見にやって来ました。校長は、その一部始終を教育委員会（教育長）に報告していました。

私は、前任校の高浜中学校で、校長の職務命令により保健室閉鎖[注]を余儀なくされました。〝保健室に生徒が大勢来ている。養護教諭が生徒の話を受容しすぎている〟というのが理由です。

きっかけは、私が、ある女子生徒が家庭で受けている傷害暴力を解決しようと動いたことでした。彼女は、保健室で「母との関係がうまくいっていない。悩んでいる」と日々訴えていました。ある日、遅刻して保健室にやって来た彼女は、怪我をしていました。私は、傷の手当をしながら「この傷を校長先生に見てもらっていい？　どうしてこんな傷ができたかを校長先生に話せる？」と、打診してみました。女子生徒の了解を得られたので、一緒に校長室に行きましたが、校長は困った顔をしただけでした。

その後、私は校長に女子生徒の処遇について相談し、児童相談所に通告をすべきだと主張しました。女子生徒は母親との関係に悩んでおり、事態が深刻なので、専門機関が介入したほうがいいと判断したからです。しかし校長は、学校名や校長名を出すことを嫌がり、ためらっていました。

その後、校長、教頭、学年主任の教師三人が、女子生徒と母親を呼んで聞き取りをしました。そうして下した判定は、「石田が虐待の疑いと主張したことは誤りである。怪我の原因は女子生徒の自傷行為であった。石田の女子生徒へのかかわり方は、まちがっていた」というものでした。私は、慎重に対処すべき事例に、学校をあげて大勢の教師で介入したことに愕然としました。女子生徒の気持ちを想像するといたたまれない思いでした。

さらに、その判定が、人事の具申のひとつとなり、私は高浜中学校を追い出されてしまいました。生徒の人権を無視し、問題の核心がねじまげられたことに、私は怒りと悔しさでいっぱいでした。その思いを誰かに聞いてほしいと思い、光元《みつもと》和憲《かずのり》先生（ちば教育心理研究所所長・臨床心理士）のクライアントになりました。

新任校での仕事に気持ちが入らないまま、私はクリニックに向かいました。「どう、こんどの学校の子どもたちは？」と光元先生が聞きます。「ええ、私が、太っているでしょう。先生のズボンは、どうしてシワがないの？　って、聞くんですよ」と答えると、光元先生は「なあんだ！　石田さんは、今の学校の子どものことも、かわいいと思っているじゃないか！」と私の底にある気持ちをぐいっと引き出してくださったのです。その瞬間、私の脳裏には九三人の子どもの顔が浮かび、名前を呼んであげたいと強く思ったのでした。

同じ時期、是枝裕和監督の「誰も知らない」という映画を観ました。実際の事件に基づく作品です。父親のちがう四人の子どもたちが、アパートの一室で生活しています。学校には行けない。外に出ることも母から禁止されていました。でも、彼らの生活の楽しみ方が、いかにもたくましい。カップラーメンの容器に播いた種が芽を出して風に揺れるシーン。四人で育ちあう姿が、学校の校庭で戯れる子どもたちと重なりました。是枝監督は、「これを撮らなければ前へ進めない」とパンフレットに書いていました。

是枝監督の言葉にはっと我に返り、私自身の現実に目を向けました。私は、稲浜小学校の養護教諭なのだ。子どもを育て、発達を援助し、ケアをするのが私の仕事なのだ。実践を通じてそれを証明しなければ前へ進めないと、目を開いたのです。

子どもに向き合うことで再出発

千葉大学名誉教授・城丸章夫氏から長い励ましの手紙をいただき、闘い方を学んだことも、私が元気を取り戻すきっかけになりました。

（略）これは、教育の仕事について何も知らない人が権力を利用して勝手な支配をしようとする人間のよくやる手口です。（略）国民教育とは、国民の形成を目的とする教育です。国民がお互いに相手を理解し尊重しあい、安心して暮らすことのできる社会を作り出すことです。不満は話し合って、ゆっくりと解決するということです。ましてこういう社会こそが、また諸民族・諸国民と安心して共存することを可能にしてくれます。（略）現在文科省が考えているような学力差や貧富差に応じた教育をするということは、反国民的であり、国民に分裂と差別を持ちこむことであります。

（略）近年の教育界では、「能力」や「教養」に乏しい教師、つまり思想のよくない教師は、懲らしめとして「講習」を強制し、それでも教育行政や権力者の見解や要求に従わないものには、「能力」や「教養」が欠落しているとして教職から追放するということが、少なからず行われています。

私は、これらのやりかたは、戦前の特高のやり方を継承しているものだから、注意深く対応する必要があると考えます。何が重いか軽いかをよく考えて、重いものを守るために、軽いもので妥協しておくなどというやり方も、ときには必要になるかもしれません。

しかし、対応の基本には、保健室を使わせないのは、管理権の乱用であり、自分が知りもしないことに干渉することは管理者の重大な人権侵害であり、また、学校教育法第28条の違反であることに確信を持つべきです。つまり、社会的、公共的立場から見て、労働の有用性を破壊する、人道に対する犯罪であるという確信を持つべきです。……（略）

私は、「職務命令により保健室を閉鎖する」という異常な事態をどうしても許せない気持ちでした。若気の至りという年齢でもありません。孤立させられても、おかしいことには黙っていることはできませんでした。しかし、さすがに不当人事で追いやられ、気持ちが沈んでいました。

城丸先生からいただいた手紙を何度も読み、教育の仕事について学びなおしました。理論を武器にするため、いっそう学んでいこうと決意しました。そして気持ちを奮いたたせ、稲浜小学校の子どもに向き合ったのでした。

小さな子どもの世界のすてきな学校――仲良しこよしの集団でいいの？

稲浜小学校では、地域の方が、校庭に小川が流れるビオトープを作ってくれていました。岸辺にガウラの白い花が咲く小川の上流には、松の木や椎の木が植えられたこんもり緑の築山があります。地域の方も集える学校のようでした。自然の中に、子どもたちが育つための、小さくてステキな世界が作られています。

この地域の多くの子どもが、同じ幼稚園に通い、小学校、中学校も同じです。育ちあうとはいえ、同じ集団のままです。大人の間には、親同士が仲良くしなければいけないといった、ちょっと窮屈な近所付き合いの関係もありました。

学校内に、争いはよくないといった無言の道徳的な決まりがあるように感じられました。穏やかでおとなしく、とてもいい子たちなのですが、相手に思い切りぶつかっていったり、とっくみ合いやけんかをしたりといった、子ども本来の野性的な面は感じ取れませんでした。

五、六年生の女子のあいだでは、小集団でのいじめやゆがんだ仲間関係（三人対二人・四人対一人）が生じていることもわかってきました。これは、子どもたちが仲良し集団から脱皮して、本音を出し合う仲間関係を求めようとする、子ども本来の発達のあらわれだと思いました。

私がちょっかいを出すことでダイナミックな取り組みができたら、優しい面を残しながら、もっと逞しく育ちあうことができるのではないかと夢を描きました。

もっと活動的活発な子どもに育てたい――保健室からのちょっかい

稲浜小学校は小さい学校なので、保健委員会と体育委員会がひとつになって、保健体育委員会と称して活動していました（後に保健体育給食委員会となりました）。私がその委員会の顧問です。初めての話し合いの日、前期の活動を決めました。私は「みんなが元気になることをやってみようよ。しかも楽しくできることを」と子どもたちに呼びかけました。

子どもたちが話し合って決まったことは、「低学年向けの活動は、遊具の使い方を教える」「高学年は、四年生、五年生、六年生の合同ドッジボール大会をやる」でした。高学年の取り組みでは、本気を出してたたかうことを目標にしました。この子どもたちには、ぴったりの目標でした。それまでは常に手加減をしており、全力を出してこなかったのです。

本番では、ボールが超スピードでビュンビュン飛び交いました。汗をかき生き生きした顔が、取り組みの成功を象徴していました。子どもが燃え、力を出しきり、やる気になったときの顔のすがすがしさを実感できました。こんな取り組みが子どものやる気や意欲を育てることにつながるのだと、私は保健室で次のちょっかいをもくろみ始めました。

子どもが燃えて〝一気に目覚める〟棒反応テストの取り組み

九月、発育測定の時間を利用して、脳の覚醒状態を測る棒反応テストを実施してみました。子どもに好評で、先生方もデータとして学級指導に役立つということで、恒例の取り組みとなりました。「棒反応テストをやります」と呼びかけると子どもたちは、「ようし！」とやる気満々になりました（日本体育大学教授　野井真吾氏にご指導いただきました）。

棒反応テストのやり方

①利き腕を机の上に水平に置かせて、手首は机から離し棒を握る用意をしてもらう。②棒は五〇㎝の長さのものを用意する。③棒を握る準備をし、真上からいつ落とされてもいいように気持ちのコントロールをしておくようにする。④棒を落としたとき、棒の下側からいち早く握った位置を測定する。⑤測定値は

五回測定し三回の平均値をとり、標準値（表1）と見比べる。

また、表2は、二〇〇八年の棒反応値の学年平均です。前年度と比較すると学年の集団の傾向がわかります。

前年度よりぐっと活動的になった学年（二年〜四年）は、いつも外遊びを楽しんでいました。前年度より数値がよくなかった五年生、六年生には、遅く寝る子がいたり、友人関係のトラブルがあったりしました。さらに六年生は、教室内でやることが多いせいか、外で見かけることがあまりありませんでした。このように、棒反応テストからは、子どもの健康課題や発達課題も見えてきます。また、個人単位で「生活調べ」（生活習慣の調査）も同時に行いました。

男子（cm）			
年齢（学年）	Active 生き生きゾーン	Normal 普通ゾーン	Inactive 心配ゾーン
6歳（1年）	〜29	20〜43	44〜
7歳（2年）	〜28	29〜40	41〜
8歳（3年）	〜26	27〜37	38〜
9歳（4年）	〜24	25〜34	35〜
10歳（5年）	〜19	20〜28	29〜
11歳（6年）	〜17	18〜25	26〜

女子（cm）			
年齢（学年）	Active 生き生きゾーン	Normal 普通ゾーン	Inactive 心配ゾーン
6歳（1年）	〜28	29〜41	42〜
7歳（2年）	〜27	28〜38	39〜
8歳（3年）	〜26	27〜36	37〜
9歳（4年）	〜24	25〜33	34〜
10歳（5年）	〜22	23〜31	32〜
11歳（6年）	〜20	21〜29	30〜

表1

やる気むんむん——全校リレー大会

子どもは、自分の力を限界まで発揮する機会を与えられ、仲間と力と力をぶつけ合ったときに、発達の節《ふし》を乗り越えるのではないか。私は、小規模校の小学校では、それを意識しなければならないと考えました。そこで、保健体育委員会で、「思いっきり力を出して走ろう！」と全校リレー大会を呼びかけました。チームの組み合わせは、一年生と六年生、二年生と五年生、三年生と四年

（cm）

	男子棒反応値	昨年数値
6歳（1年）	28.8　普通ゾーン	
7歳（2年）	25.1　生き生きゾーン	31.3
8歳（3年）	19.4　生き生きゾーン	19.5
9歳（4年）	14.8　生き生きゾーン	25.7
10歳（5年）	21.1　普通ゾーン	17.3
11歳（6年）	20.9　普通ゾーン	15.8

（cm）

	女子棒反応値	昨年数値
6歳（1年）	30.4　普通ゾーン	
7歳（2年）	24.0　生き生きゾーン	27.4
8歳（3年）	17.7　生き生きゾーン	22.3
9歳（4年）	19.7　生き生きゾーン	23.2
10歳（5年）	21.4　生き生きゾーン	17.6
11歳（6年）	14.0　生き生きゾーン	16.4

表2

生です。作戦は、チームで話し合います。

優勝チームには、粘土でつくった金メダルを授与します。メダルは、保健体育委員会が作りました。粘土をこね、お団子にして、ペッタン、ペッタン、まあるい形を作りながら、おしゃべりに花が咲きます。子どものおしゃべりを盗み聞きして、次の取り組みの仕掛けを考える私。メダルには、紐を通す穴を開けて、模様を描き、素焼きをした後に色をつけます。二回焼きをして、リボンの紐を通して完成。できあがったメダルはまるで芸術作品です。陶芸の粘土を分けてくれた私の友人、釜で焼いてくれた中学校の先生。周囲の大人たちにもたくさん助けてもらいました。

リレー大会では、走る力量からいっても、一年生と六年生チームの優勝は考えられません。しかし、一年生と六年生チームが優勝した年がありました。そのときは、一年生には、歩くのも大変な脳神経の病気の稜ちゃんがいて、どうするのかなあと少し心配でした。それが本番では、六年生と六年生の間に稜ちゃんが一メートルぐらい走り、あっという間にバトンは六年生に。〝すごい。六年生は、成長した〟と、涙があふれるのを必死に我慢しました。

力と力をぶつけ合うばかりでなく、子どもたちがお互いの力やからだの状態を知り合い、誰が先頭で、誰が誰にバトンを渡せばよいのか、だれがアンカーになればいいのか、知恵を出し合い学んでいる姿が、教師集団にとっては大きな喜びとなりました。

この全校リレー大会も、恒例の取り組みとなりました。

ステージ発表（二〇一〇年二月一九日）――脳を働かせてレッツ・GO

「家に帰ってから夕飯まで眠るんだけど、授業中眠たいなあ」「友だちとトラブルをおこして、ついキレちゃう」「家に帰ってからも外に遊びに行きたい」。保健体育給食委員会でのおしゃべりや、生活調査で、子どもたちのからだの様子もわかってきました。そこで、脳の働きを学ぶことを提案してみました。

子どもたちと一緒に脚本を作り、舞台で発表をします。脳の働きを教えてくれるのは、正木健雄先生。日本体育大学名誉教授、本当の博士です。実は、事前に脚本をお見せしたとき、正木先生には、「脳への入り方がちょっとちがうな。もうちょっと勉強してください」と言われてしまいました。専門家としての厳しいアドバイスです。しかし直す時間もなく、不足点は正木先生にアドリブで補っていただきました。最後に正木先生と出演した子どもたちとで記念写真を撮り、みんな大満足でした。

この劇の後、私はいっそう元気を取り戻し、子どもたちと一緒に次はどういう取り組みをしようかとワクワク考えることができるようになりました。退職にあたり、同僚からの「先生は、養護教諭の仕事は、天職でしたね」という言葉は、最高の勲章となりました。

注　保健室閉鎖

一九八〇年代前半、タバコ・シンナー・暴力などで荒れるいわゆるツッパリ集団の生徒たちが保健室を占領した時代があった。そのとき、教師集団が保健室にたむろする生徒を巡回し、生徒の気持ちをつかんで教育の実践の課題として取り組んだ（『保健室』誌創刊号に保健室閉鎖をめぐる実践が掲載されている。その後〝保健室はだれのもの〟という特集も組まれた）。徐々に、保健室は応急処置・相談・健康教育・保健活動を行うだけでなく、子どもの居場所・保護者の相談場所として教育実践の場となった。養護教諭は、教室に行けない生徒を受容する存在として認められるようになった。保健室の意義が高く評価され、保健室閉鎖の話も聞かれなくなった。

しかし、私の勤務していた中学校では、保健室に行きすぎる生徒を取り締まるために、保健室を閉鎖するという考えであった。そして校長の職務命令で保健室閉鎖が行われた。生徒がどういう問題を抱えているのか、なぜ保健室を訪れているのか、養護教諭の私が提起することを学校側は一貫して否定し、私は、養護教諭の仕事の場としての保健室から隔離された。

あとがき

　ことしも、泰山木の大輪の白い花が咲きました。昨年の台風の塩害を受け、大木の幹や枝葉は黒く枯れてしまったように見えていましたが、新しい葉は艶を放ち、大輪の花はみごとに咲き誇っています。生き返った泰山木は、その地で暮らしている人々に元気と潤いを与えてくれています。

　参議院選挙の最中に思います。私が生きてきた年月に、戦争がおこらなくて、本当によかったと胸をなでおろします。私の両親は戦争を経験しました。私は、高校生のときに、戦争のことに触れた短編小説を、眠くなってしまう日本史の授業中に書いていました。「かっぱと牛」というタイトルです（処女作）。

　作田川の岸辺で、かっぱと牛が語り合っている場面です。「……牛のかあちゃんが、落花生の殻をむきながら、難題をぶつけました。父ちゃんは戦争に行った。日本人は戦地で悪いこともした。戦地に、お前と同じぐらいの父ちゃんの子どもがいるかも知れねえ。おまえどうする？　どう考えるか？……」「牛は、かっぱにいいました。本当にそんなことがあるのか？　戦争がもたらしたものは、とてつもなくでっかい悪いことなんだ。かっぱは、どう思うか？……」そんなあらすじの小説だったと思います。クラスで発行した文集に載せたものですが、手元に無くなってしまいました。

五〇年以上も昔に、高校生の私は、戦争や憲法九条について考えていました。私が生きてきた七〇年は平和を維持できた時代でした。しかし、これから先の時代を生きる子どもたちに戦争がおこる危惧・不安を思います。泰山木を仰ぐ青い空をオスプレイが木更津に向かって、飛ぶことを恐れます。

未来を生きる子どもたちが、この社会の主体者として平和で健康に生きることを考え・意見を表明して大きく成長していくことを念じます。

とりわけ、『子どものしあわせ』に連載したものを、本にまとめたらいいよと、背中を押して、実践の意味・意義があると解説し、ご教示いただいた増山均先生に、心から感謝申し上げます。書き下ろしの実践を編集しながら、子どものとらえかたや、指導員の役割などを改めて学び直しをすることができました。増山先生からは、養護教諭時代の実践に基礎があることを強調して励ましていただきました。ここにも、全国養護教諭サークル協議会（全養サ）理論の「子どもの命を守り育てる」しごとの偉大さを基盤に実践をしてきたことに気づかせていただきました。

年を重ねてからの実践でしたが、『静かだったら、学校と同じじゃん』がいま、学童保育の指導員・支援員として、最大のエネルギーを振り絞ってご活躍されているみなさんのお役にたてたら幸いです。

おわりに、解説と学童保育論のご執筆の他に、構成を考案していただくなど、編集に携わっていただいた増山均先生・実際の編集をしていただいた新日本出版社の柿沼秀明さんには、多大なご尽力をいただきました。心から感謝申し上げます。

二〇一九年七月　　　　　　　　　　石田かづ子

初出

本書は、日本子どもを守る会編『子どものしあわせ』２０１７年４月号から２０１９年３月号（２０１８年９月号まで本の泉社、10月号から日本子どもを守る会発行）まで、全22回連載した「学童の窓から」を再構成し、加筆修正を加えたものです。

石田かづ子（いしだ・かづこ）

1949年、千葉県山武市生まれ。元学童保育指導員・元養護教諭。千葉県内千葉市を中心に小学校・中学校の養護教諭として勤務。全国養護教諭サークル協議会に加盟（1973年に千葉えだまめサークルをたちあげる）。全国養護教諭サークル協議会研究推進委員（健康認識を育てる分科会）を担当。機関誌『保健室』の編集に携わった。定年退職後、学童保育指導員・放課後等児童デイ支援員として、再度子どもに向き合う。共著に『ぼちぼち行こうか　保健室の窓から』（本の泉社、2017年）。

増山　均（ましやま・ひとし）

1948年、栃木県宇都宮市生まれ。専門は教育学、社会福祉学。東京教育大学文学部哲学科、東京都立大学人文科学研究科大学院を経て、日本福祉大学、早稲田大学教授。現在、早稲田大学名誉教授。日本子どもを守る会副会長。主な著書に『余暇・遊び・文化の権利と子どもの自由世界』（青踏社、2004年）、『かならず実る子育てのひ・み・つ』（かもがわ出版、2004年）、『子育て支援のフィロソフィア』（自治体研究社、2009年）、『うばわないで！子ども時代』（共著・新日本出版社、2012年）、『学童保育と子どもの放課後』（新日本出版社、2015年）、『アニマシオンと日本の子育て・教育・文化』（本の泉社、2018年）

静《しず》かだったら、学校《がっこう》と同《おな》じじゃん――学童《がくどう》クラブの窓《まど》から

2019年8月30日　初　版

編著者　石田かづ子
　　　　増山　均
発行者　田所　稔

郵便番号　151-0051　東京都渋谷区千駄ヶ谷4-25-6
発行所　株式会社　新日本出版社
電話　03（3423）8402（営業）
　　　03（3423）9323（編集）
info@shinnihon-net.co.jp
www.shinnihon-net.co.jp
振替番号　00130-0-13681
印刷　亨有堂印刷所　　製本　光陽メディア

落丁・乱丁がありましたらおとりかえいたします。

JASRAC 出 1908116-901
ISBN978-4-406-06371-5 C0037　Printed in Japan